コンクリンさん、大江戸を食べつくす

デヴィッド・コンクリン　仁木めぐみ＝訳

亜紀書房

亡き父ディックに、この本を捧げる

For my father Richard "Dick" Conklin,
who was not able to see this book published.

まえがき

世の中には美味しい料理と、そんなに美味しくない料理がある

「音楽には二種類しかない。いい音楽と、そうでない音楽だ」

この言葉はたしか、偉大なジャズの作曲家でピアニスト、ビッグバンドのリーダーでもあったデューク・エリントンが遺したものだ。私は料理に対して、同じように思っている。「世の中には美味《おい》しい料理と、そんなに美味しくない料理がある」と。

食べるなら美味しい料理がいいと思ってはいるが、はじめてのレストランや未知の料理にも積極的に挑戦している。アメリカのレストランでは耐えられないほどまずいものを出されたこともあるが、日本ではそういう経験はない。ただ、出てきた料理にがっかりしたことならある。とて

も高級で、評価の高い店でもそういうことはあった。一方で、外観が魅力的でないために客があまり入らないような店で、素晴らしい料理を食べたこともある。そういう店は値段もとても安くて、熱心な常連客がついている。

そんな店のひとつに、日本橋の小さな立ち食い蕎麦《そば》屋「そばよし」がある。私はいい店を見つけることにかけては自信がある。けれど、そばよしは自宅の近くにあって、数え切れないほど店の前を通り過ぎていたのに、その存在に気づかなかった。交通量の多い大通りに面しているが、店の一部が木々の陰になっていて通りから見えないからだと思う。

そばよしのことをはじめて耳にしたのは、ある日、家の近くの蕎麦屋で昼食をとっていたときだった。もう少しで食べ終わろうかというとき、隣のテーブルの男性たちから「いっしょに日本酒をいかがですか」と誘われた。私は失礼にならないよう、彼らのテーブルに移って、小さなコップに日本酒を注いでもらった。当時の私は、まだ蕎麦を食べはじめたばかりで、蕎麦についてよく知らなかったし、蕎麦をめぐるあれこれ、たとえば昼間に蕎麦で酒を一杯やるのは至福の時間であることも知らなかった。だからこの日は、同年代の男性たちの仲間に入れてもらい、期せずして素晴らしい体験ができたわけだ。

日本酒を三、四杯飲み、私が何者で、出身はどこで、なぜ日本が好きなのかというお決まりの質問に答えたあと、話に聞いたことはあるがまだ行ったことはないという地元のある蕎麦屋の話題になった。彼らが言うには、鰹節の会社が経営している店で、出汁《だし》がとにかく美味しいらしい。

「日本橋のどこかにあるはずなんですが、詳しい場所がわからないんです」

彼らは店の名前も知らなかった。私はこのとき、決意した。このわずかな情報を頼りに、ぜったいにこの店を探し出してみせると。

二日後の昼どきにちょうど時間が空いたので、あの謎の蕎麦屋を探しにいくならいまだと思った。私は自転車に飛び乗り、人形町の自宅から金座通りを通って日本橋に行くというお決まりのコースを走った。ただし、いつものように車道ではなく、歩道をゆっくり走ったおかげで、ほどなく（ぜったいにここだ！）と思える店を見つけた。そこは立ち食い蕎麦屋で、正面の扉の前に「そばよし」と書かれた暖簾《のれん》が掛けてあった。私は自転車に鍵をかけると店内に入り、券売機のボタンを眺めた。いちばん下の列には二種類の鰹節（お土産用）のボタンも並び、値段も書いてあった。

「やった！」私はつぶやいた。謎の店を見つけたのだ。

二〇一〇年のこの日以来、たぶん五〇〇回以上はそばよしへ昼食を食べにいっている。平均すると週に二回ぐらいだ。この店でランチに五〇〇円以上使ったことはないが、いつも大満足だ。そばよしで働く人たちや、隣の鰹節店の人たち、それに常連客とも親しくなった。アメリカから来た友人を連れていくと、誰もがこう言う。

「こんなに美味しくてヘルシーなランチをたった四ドル（約五〇〇円）で食べられる店がアメリカのどこにある？」

私はときどき自問する。

「自分はなぜ古き良き下町の真ん中、日本橋人形町に住み、日本の食文化について研究し、文章を書くことになったのだろうか」と。

故郷の西海岸、オレゴン州ポートランドで暮らしていたころは、日本や日本食についてほとんど何も知らなかった。けれどいま振り返ってみると、単なる好きの域を超えて日本食を研究し、東京のもっとも伝統的なエリアを本当の我が家だと思うようになる兆《きざ》しは、やはりずっと昔からあったのだ。

「ヘンなガイジン」と呼ばれることを喜んで受け入れ、東京下町を中心とした歴史のある〝大江戸〟で果敢に挑んだ心踊る日本食の冒険物語を、これからはじめよう。

二〇一七年一〇月

デヴィッド・コンクリン

もくじ

そばよし
pepsi
ソフトドリンク
冷えてます

（第1章）

ポートランド生まれのヘンなガイジン

子どものころに食べていたもの

一九六〇年代から七〇年代にかけて、アメリカ西海岸北部のオレゴン州ポートランドで少年期を過ごした私は、五代続くポートランドっ子という、いまではもう珍しい存在だ。郊外に住む白人中産階級の家庭で育ち、その暮らしぶりは、日本でも人気を博したテレビドラマ「奥さまは魔女」を思い起こしてもらえばいいだろう。両親はカレッジスイートハート（大学時代からの恋人同士）で、妹がひとり、犬と猫も飼っていた。

子どものころ、食卓には缶詰や冷凍食品がよく登場した。電子レンジはまだなかったが、第二次大戦後のアメリカ中流家庭では美味しさより便利さが優先されていたのだ。夕食のメイン料理はいつも肉。ローストビーフやポットロースト、あるときはポークチョップやハム、またあるときは牛ひき肉のキャセロール、ミートローフといった母の手づくり料理だった。ほぼ毎回サラダが出たし、缶詰や冷凍の野菜も並んだ。私は冷凍のホウレンソウは好きだったが、缶詰の野菜はビーツ以外どうしても食べられなかった。缶詰のサヤインゲンが出た日には、こっそりテーブルの下に落として犬に食べさせたものだ。だから我が家ではいつしかサヤインゲンの缶詰のことを「犬の豆《ドッグビーンズ》」と呼ぶようになった。生野菜といえばたいていニンジンかブロッコリーで、私はいまでこそどちらも好きだが、子どものころは苦手だった。

主食にはベイクドポテトかマッシュポテト、ロールパン、たまに「ライスアロニ」のような手早くできるインスタントの米。そして食事の最後は、ケーキやパイなどのデザート。デザートには単なる甘いもの以上の役割があった。妹と私に勉強をさせるために使われていたのだ。

「宿題をやらないとデザートはなしよ」

母はよくそう言っていた。

食べ物といっしょに、毎日たくさん牛乳も飲んでいた。一日三リットルか四リットルぐらい。ポートランドの白人中流家庭ではみなそうだったと思うが、我が家でも日本食に触れる機会はあまりなかった。醤油は少しだけ使っていて、「虫の汁《バグジュース》」と呼んでいた。なぜかわからないが、知り合いの日系アメリカ人たちがそう呼んでいたのだ。ときどき、照り焼きソースで味つけをしたチキンやサーモンをバーベキューで焼いたテリヤキを食べた。照り焼きソースは、普通のスーパーマーケットならどこにでも置いてあった。我が家の食卓は、典型的なアメリカ中流家庭の食生活そのものだったと思う。

当時、エスニック料理といえば中国料理だ。そういう店には「チャイニーズ・アンド・アメリカン」という看板が出ていて、炒麺《チャーメン》とかチャプスイなどのチャイニーズアメリカン料理とともに、ハンバーガーも供されていた。日本料理のレストランもダウンタウンには少しあったが、私たちの住む郊外にはなかった。経営者は日系アメリカ人の二世が多く、客は主に日本人だった。

いいレストランに行くのは贅沢なことで、祖父母がいっしょか、何か特別の機会があるときに限られた。当時、小さな子どものいるアメリカの家庭では、外食は頻繁にするものではなく、「特別な食事」と考えられていたのだ。一般に、外食は大人、それもビジネスマンたちがすることだった。

家族そろってたまに行くのは、だいたいハンバーガーレストランかチャイニーズアメリカンの店、そしてピザ屋。「ザ・スパゲティファクトリー」はダウンタウンにあり、我が家からさほど近くはなかったがしばしば出かけた。アンティークの家具があり、店内に置かれた路面電車の車両の座席に座って食事ができるのが、とても愉しかった。朝食を食べにいくなら、地元にあるパンケーキハウスのチェーン「オリジナル・パンケーキハウス」だ。この店は、いまでは東京や大阪、福岡などにも店舗がある。

両親が外食に出かけるときは、妹と私は留守番で、「マクドナルド」で買ってきたハンバーガーをよく食べた。どれだけそれがまずいかに気づくまでだったけれど。ピザを食べにいくこともあったし、「ケンタッキーフライドチキン」をテイクアウトすることもあった（そういえば当時、本物のカーネル・サンダースが地元の店に来た）。

中学生になると、冷蔵庫や戸棚のなかから適当に見つけた調味料を使って、自分でバーガーをつくるようになった。そんなに手のこんだものはつくれなかったし、決しておしゃれなできばえではなかったが、そういう時間は愉しかった。そうだ。これが私の食への興味のはじまりだったのかもしれない。

自家製ビールとパブ文化

酒の味を覚えたのは大学に入ってからだ。ことに、ワインショップで働いていた友人からいいワインについて教わって以来、食事のときにワインを飲むようになった。一九七〇年代後半のアメリカのワイン市場はまだまだ小さかった。オレゴンではもちろん、カリフォルニアでさえも。ナパバレーの美味《おい》しいワインは、シャルドネやカベルネでも一本一〇ドルで買えたし、五ドル以下の安いものも多かった。

アメリカの大学生はビールをよく飲むが、私もまた例外ではなかった。よく飲んでいたのはバドワイザー、ミラー、シュリッツなど大手ビールメーカーのほとんど味のない大量生産のビールだ。当時からもう少しましな地ビールのメーカーはあったものの、大手がつくるつまらないラガーと大差はなかった。その二、三年前、私がまだ高校生だったころ、ヨーロッパから輸入されたビールがポートランドにも出回りはじめた。いちばん有名なのはオランダのハイネケンだが、ドイツのビールやイギリスのエールもいろいろと入ってきた。アメリカのビールに比べたら、輸入ビールは格段に美味しかったが、値段が国産の二倍から三倍だったので大学生の財力ではあまり飲めなかった。

大学を卒業して財布に余裕ができると輸入ビールを飲む機会は増えたけれど、高いことに変わりはなかった。そして一九八三年のある日、私は自宅でビールをつくっている男に出会った。その味はイギリスやドイツのビールに似ていて、すごく美味しかった。しかも、とても安くつくれることを知った。私もチャレンジしてみることにして、さっそく器具と材料を買い、ビールとエールを自作しはじめた。だいたいはうまくいったが、失敗もあった。どうも瓶に問題があるようだった。当時、ポートランドで自家製ビールをつくっていたのは私だけではなかったし、私よりじょうずな人もたくさんいた。どちらにせよ、自分でつくったビールを、仲間たちといっしょに飲むのは愉しかった。

「自家醸造家」のなかには商売にできるくらい質の高いビールをつくる人もいたし、そうしたビールを飲みたいというビールマニアも数多くいたが、そもそもオレゴン州の法律を変えないことには、自家醸造による販売はできなかった。ところが一九八五年、醸造家たちは法律を変えることに成功し、地ビール産業がはじまった。私自身は忙しくなってきたため、自宅での地ビールづくりをだんだんやらなくなっていったが、ある醸造所に投資する機会があったときには飛びついた。このとき投資した一〇〇〇ドルは現金では一セントも返ってこなかったけれど、ほかの形でじゅうぶんに元が取れたと思う。なにしろ、一日一本タダでビールを飲むことができたのだから。

自家醸造ビールのパブがスタートして数年経つと、地ビールはもはや目新しいものではなくなった。一方で、いまではポートランドのパブ文化に不可欠である料理の質が、ぐっとよくなりはじめた。簡単なサンドウィッチやバーガーしかなかったメニューに、衣にビールを加えたフィッシュアンドチップスやパスタ料理、自家製スモークチキンやスモークフィッシュなどが書き添えられた。安くシンプルな料理ばかりだったが、数年前と比べたら格段の進歩だ。

料理にはまり、野菜をつくる

一九七〇年代の終わりくらいから、ポートランドではアジア料理のレストランがオープンしはじめた。多くはベトナム戦争から逃れてきた難民が経営するタイ料理かベトナム料理の店で、おそらくあの戦争が生んだ唯一のよい結果だろう。ちょうどこのころ、私は高校を卒業して大学に進み、実家を離れてひとり暮らしをはじめたばかりで、新しい食べ物なら何でも試してみようと思った。

ほかにも、それまでほとんど馴染みのなかったギリシアやレバノン、モロッコやインドなど、さまざまな料理のレストランができるたびに、いそいそと出かけた。そして、そうしたレストランで美味しい料理を食べると、どうしても家で同じものをつくってみたくなり、料理の本を読んで勉強し、料理の雑誌を定期購読するようになった。レストランでは積極的にシェフに話しかけて親しくなり、レシピのアドバイスをもらって家で試作を繰り返した。

料理の腕が上がってくると、ある日「最高の食材を手に入れたければ、自分で栽培すればいい」とひらめいた。幸い、私の住まいはポートランドの街なかに二軒分の広さの土地があったので、いろいろな野菜を栽培することができた。

毎年春になると種を蒔《ま》き、暖かくなったら、育った苗を植えかえる。最初に収穫できるのはホウレンソウなどで、続いてレタス、日本のナス、そして一五種類ものトマトだ。サイズや形や色がバラエティに富んでいて、店で売っているトマトよりずっと味が濃い。それから唐辛子。こちらもたぶん一〇種類はある。同じ時期に五、六種類のバジルや、タイム、オレガノ、ローズマリーなど、料理用にハーブもいろいろ植えていた。おっと、ビールに使うホップもだ。ブルーベリーも数年間だけ植えていたが、残念なことに、飼っていた黒いラブラドールレトリバーのデュプリーがブルーベリーが大好きで、いつも実が完全に熟す前に全部食べてしまっていた。秋になると、翌年の春に収穫するためのタマネギとニンジンを植える。

自分で使い切れないほどの作物が採れることも多いので、友だちや近所の人たちにお裾分けした。トマトや唐辛子などを、地元の食料品店に卸すこともあった。そこは、イタリア産のワインやチーズ、外国の野菜などを扱っている店で、スローフード運動におけるポートランド支部の実質的な拠点になっていた。スローフード運動とは、一九八〇年代にイタリアではじまり、イタリアの各地方で育まれた伝統や食べ物、美食などを見直そうというムーブメントで、ほとんどのアメリカ人の食や食事の概念とは対極にあるものを推し進めている。のちに日本に住むようになってから、私は日本の食文化の大部分がこのスローフードの定義に完全に一致していることに気づいた。

このころ、私は父といっしょに持続可能な森林を育てる仕事をしていた。

父はかつて材木の卸売業をしており、その父親である私の祖父はウェアハウザー社の伐採搬出の技術者として、当時世界一の規模を誇るワシントン州のセントヘレンズ山周辺の丘に鉄道を敷設した。私も父と働く前は、高級木材の日本への輸出に関わっていた。この仕事は面白かったし、取引先の日本の人たちから、いろいろと日本のことを聞けた。こんな仕事をしていなければ聞けないような話ばかりだった。当時は、まさか自分が将来日本に住むことになるなんて思いもしなかった。小さな出来事が少しずつつながって、いま私がここ日本にいることになったのだ。

私の出身地オレゴン州ポートランドはシアトルから三〇〇キロメートルほど南にある都市で、北米で二番目に長いコロンビア川（約二〇〇〇キロメートル）沿いにある。コロンビア川はサーモンの世界一の回遊ルートでもあり、夏の終わりから初秋にかけて、ギンザケが遡上《そじょう》してくる。ほかにも身の赤みが強く、大きなものでは七キロにもなるベニザケや、同じぐらいの大きさで身がピンク色のカラフトマスや、小型のサーモンもいる。夏にも秋にも、そして冬にもやってくるニジマスは大きなものだと一〇キロはあるが、正確にはサーモンではない。海へ出る種類のマスなのだが、とても美味しいので釣り人に狙われる。そして、なんといってもキングサーモンを忘れてはならない。別名マスノスケともいうキングサーモンは、四〇キロを超えることもある大型魚で、サーモンのなかでもっとも味がいいとされている。

私は春と夏によくキングサーモンを釣った。だいたいは川岸からだが、友人のボートから釣り糸を垂らすこともあった。週に一、二度、午前三時半ごろに起床して、車を二〇分ほど走らせてコロンビア川へ行き、釣り仲間と合流する。一回の漁で獲っていいのはひとり二匹までだ。午前六時までに釣れたらラッキーだが、なかなかそううまくはいかない。

時間が来たら、キングサーモンを洗い（釣れていた場合だが）、目の粗い濡れた麻袋に入れて、自宅へ戻る。さあ、ここからが本番。大きな魚体をさばくのだ。さばいた身は冷凍保存用と、自宅に燻煙機を持っていたので燻製用に取り分け、あとの残りはその日の夜と翌日の夜に食べるため、冷蔵庫にしまっておく。

サーモンの卵は、ニジマスを釣るにはいちばんの餌だ。だから、どんな種類のサーモンでもメスをつかまえると、卵を取り出して塩漬けにしておく。餌にする以外の卵は頭や内臓といっしょに捨ててしまっていたが、最近はそうではないようだ。日本に渡る二年ほど前に、私はよく行っていた日本料理店の日本人オーナーから筋子《すじこ》をイクラに加工する方法を教わった。おそらく当時、

コロンビア川で釣り上げた大物を掲げて

アメリカの太平洋岸北西部でサーモンの卵を捨てないで食べていたのは、ネイティブアメリカン以外、私と日本人数人しかいなかったのではないだろうか。

現在、ポートランドには数多くのレストランがあるが、二〇〇五年ぐらいから、創造力にすぐれた若きシェフが次々にやってきてレストランを開くようになった。いずれも質の高い店でポートランドは一躍脚光を集めた。それまでは食べ物に関して特筆できることといえば、もっとも有名なアメリカ料理書の著者であり、アメリカ料理を推進した料理界の巨人ジェームズ・ビアードの出身地ということぐらいだった。

残念ながら二〇〇五年以降、私はほとんどの時間を日本で過ごしている。だが、もちろんポートランドに戻るたびに、これという美味しいレストランには足を運んで、食に関する最新情報を仕入れている。

アメリカ人なのに「ノー・ビーフ、ノー・コーヒー」

私はあるときから、豚肉と牛肉を食べるのをやめた。それにコーヒーももう飲んでいない。

そのせいで日本では「ほんとうにアメリカ人なの?」と訊かれることが多い。そんなときはこんなふうに答える。

「前世は日本人だったんです」

するとみないぶかしげな顔をしながらも笑ってくれる。

一九八九年、ポートランドのやや外れにある牧場で数人の仲間と共同生活をしていたときのことだ。皮肉なことに、そこでは主にオーガニックビーフ用の牛を育てていた。当時、私の飼い犬デュプリーは生後六か月ぐらいで、納屋の隣の囲いのなかで飼われている乳牛の仔牛たちが大好きだった。デュプリーが近寄ると、仔牛たちがわざわざ挨拶しにきて、互いにキスをする。正確にいうと、顔をぺろぺろ舐めあっているのだが、私にはそんなふうに見えた。デュプリーはうれしそうに尻尾を振っていた。この光景を見てしまった私は、もうデュプリーの友だちを食べたりはできなかった。

それ以来、デュプリーもあまり牛肉を食べなくなった。私が食べなくなったので、当然ながらデュプリーに回すものもなくなったのだ。それでもデュプリーは体重四〇キロの立派な成犬に育った。太い尻尾だけで、一・五キロはありそうだった。ときどき、デュプリーのために肉片がついた大きな骨を持ち帰ってやると、すぐに外に持っていって庭に埋めてしまう。そんなデュプリーのいちばんの好物はパンだ。朝、近くのパン屋や、もっと好きなベーグル屋までいっしょに歩いていくこともあった。そしてパンかベーグルを買うとき、デュプリーの目の前になぜかかけらが落ちてくることになっている。パンのかけらはその場で食べるが、ベーグルだとくわえて家に持ち帰り、枕や毛布の下や、自分のベッドに埋めていた。ときどき誰かから肉をひと切れ差し出されることがあっても、パンが隣にあれば、かならずそちらを先に食べていた。

　牧場で暮らしながら、私は食用肉を生産する際に環境にかかる負担について、とくにアメリカでのケースを実地に学んできた。家畜の飼育には大量の水が必要だ。飲み水だけでなく、餌の草や穀物を育てるのにも使う。アメリカの豚肉の大半は工場式の農場で生産されている。狭い場所に何千頭、ひどいときには何万頭もの豚が鮨詰めの状態で飼われ、日々大量に出る糞尿は一か所に溜められ池のようになっていて、やがて川に漏れ出て、ありとあらゆる環境トラブルを引き起こすことも多い。環境へのダメージに加え、アメリカ産の牛肉と豚肉の摂取に関連する健康リスクもある。アメリカでは、食用に飼育されている牛などの家畜のほぼすべてに抗生剤入りの餌が与えられている。これは怪我や病気の治療のためではなく、体重増加を早めるためで、アメリカで使用される抗生剤の八〇パーセントは牛肉、豚肉、鶏肉の生産に使われている。抗生剤は通常動物の体内に残留するので、肉とともに人間に摂取されることになる。その結果、人間の抗生剤に対する耐性が上がり、年間約一〇万人もの死者が出ている。それに大腸菌のような危険なバクテリアのリスクもあるし、高コレステロールや心臓病などの病気のリスクも増える。

　牛肉と豚肉を食べないと言うと、「宗教上の理由ですか？」と訊かれることが多い。こういう質問は、居酒屋などで酒を飲んでいるときにされがちなのだが、肉、とくに豚肉を食べることを禁じているイスラム教は、飲酒もまた禁止している。質問した人の知識の偏りを指摘したりはせず、ただ、「いえ、牛肉と豚肉を食べないと調子がいいからです。宗教のせいではなく、健康や環境のことを考えた結果なんです」と答えている。「それに魚のほうが好きだから」とも。私は、日本では鶏肉を食べている。魚と同様に栄養価が高くて消化もよいし、環境汚染においても牛や豚と比べて影響が少ないからだ。

コーヒーを飲まないのも健康上の理由からだ。以前は飲んでいたが、一週間に一杯程度で、週末にカルーアリキュールをひと垂らし加えて飲むくらいだった。三〇代のころ、ひどい腰痛に悩まされていたとき、カイロプラクティックの施術師に「コーヒーにはカフェイン以外に、腰を刺激する成分が含まれているんだよ」と言われた。それを聞いて、すぐに週一度のコーヒーをやめると、腰はよくなった。ほんとうにコーヒーを断ったせいかどうかはわからないが、とにかくそれ以来飲んでいない。もう二度と腰痛に悩まされたくないし、じつはコーヒーの味も香りも好きではないことに気づいたからだ。オレゴン州ポートランドはアメリカ一のコーヒーの街といわれ、もっと有名なシアトルよりもずっと美味しいコーヒーが飲める土地だ。私はここでは異端者なのだろう。

私がコーヒーを飲まないという事実を多くの日本人はなかなか受け入れられないようだ。アメリカ人だからコーヒーを飲むだろう、と善意ですすめられることが多い。カップを差し出されてから断らなければならないときには、できるかぎり失礼のないように説明する。日本での生活で、もっとも申し訳なく思う瞬間だ。コーヒーが注がれる前に「紅茶をお願いします」と言うようにしているが、どちらにしても初対面の人には、「ヘンなガイジン」と思われているにちがいない。そう思われるのはぜんぜんかまわないし、ほとんどの外人とちがう点があることを私は喜んで自認している。

日本に住むようになって感じるのは、それ以前の三十何年かの私の食生活が、魚、鶏肉、野菜という江戸時代の日本人の食事に近かったということだ。おまけに、「いちばん好きなソフトドリンクは？」と訊かれれば、ずっと前から答えは「お茶」だった。日本に興味を持つより以前から、私は知らないうちに日本人に近い舌の好みを持っていたのだ。

「ベニハナ」と船上で食べた刺身

はじめて日本食レストランに行った、あるいは少なくとも当時日本食だと思っていたものを食べたのは一八歳の誕生日だった。この日、私は家族といっしょに「ベニハナ」に行って鉄板焼きを食べ、みごとなナイフパフォーマンスを見た。一九七七年当時、ベニハナはほとんどのアメリカ人にとっては日本食レストランだった。とくに日本へ行ったことがない、日本人以外の人々にとっては。日本語っぽい名前のレストランで、日本人らしき人が目の前で調理してくれたステーキヤエビは、まさしく日本食そのものだった。

ポートランドには、当時から本格的な日本食のレストランが数軒あった。しかし、どちらも日本からやってくるビジネスマン向けの店で、地元の客といえば新しいもの好きな大人だけで、一〇代の高校生が行くようなところではなかった。いま東京で住んでいる家から一キロメートル以内にベニハナチェーンの創業者ロッキー・アオキ（本名は青木廣彰《ひろあき》だが、アメリカでは「ロッキー」と名乗っていた）が育った街、日本橋があるのは皮肉なものだ。

はじめて日本食レストランに行ったのがベニハナだったのはたしかだが、どうやら一〇歳になる前にすでに何度か日本食を食べていたらしい。そのうちの一回は自分ではまったく記憶がない。私がまだ生まれる前、母親のお腹のなかにいたころに、両親が当時もその後も長いあいだポートランド一の日本食レストランとされていた「ブッシュガーデン」に行ったのだ。オレゴンにおける日本食の歴史について修士論文を仕上げていたときに、母がはじめて話してくれた。母によると、天麩羅は食べたが、鮨や刺身は食べなかったという。ずっと後に私が日本食に魅かれるようになるのは、お腹のなかでのこの経験も関係しているのかもしれない。

次の日本食との出会いは、ちゃんと記憶している。八歳か九歳のころ、祖父と父と三人でオレゴン沖へサーモン釣りにいったときのことだ。祖父は一九六九年に亡くなったので、それより前であることは間違いない。このときサーモンやほかの魚を何匹か上げたが、詳しいことはもう覚えていない。覚えているのはチャーターしたボートに日本人がふたり乗っていて、釣りを終えて港に戻っているときに、彼らがどこからかナイフを取り出して、釣ったばかりのスズキをさばいて刺身にしたことだ。彼らは醤油を紙皿の上に垂らすと、マスタードのようなものを添え、食べはじめた。黄色かったのを覚えているから、辛子だったのではないだろうか。当時オレゴンではワサビは手に入りにくかったし、少なくとも緑色ではなかった。私がじっと見ているのに気づいたふたりは刺身を少しくれた。このとき獲れたての魚を生で食べたことは強い印象として記憶に刻まれ、五〇年近くたったいまでもはっきり思い出せる。

私がよく鮨を食べにいっていた店は二軒あり、どちらもポートランドの旧日本人街ではなく、ダウンタウンにあった。「ゼン」、そしてブッシュガーデンだ。そう、母が私を妊娠中に行った店だ。どちらも日本人が経営していて、日本のビジネスマンがよく来ていた。それを見て、きっとこの店は美味しいのだろうとずっと思っていた。ほかに比較する店がなかったから、単なる想像だったけれど。一九八〇年代前半のアメリカでは、カリフォルニアを除いて鮨はまだ目新しい食べ物だった。私が鮨を食べたのは、エキゾチックだったからと、生の魚を食べるというスリルが大きかったと思う。アメリカでは、魚を加熱せずに食べると病気になるから危険だと教えられていた。だからこそ私は鮨を食べたかったのだと思う。味よりも物珍しさと刺激を求めていたのだ。

インターネットはまだなく、アメリカでは美食という概念さえ、それほど広まっていなかった時代のこと。鮨や本物の日本食を食べたことのある人はほとんどいなかったので、自分が食べているものがほんとうに日本の味なのかどうかも知りようがなかった。そしていまだから認めるが、私自身、日本に住むようになるまで美味しい鮨とまずい鮨の区別さえついていなかった。

ポートランド州立大学で日本近代史を学ぶ

二〇〇〇年を迎え、二一世紀には何かこれまでとちがうことをしてみようと私は決心した。家業である林業の仕事はやりがいがあったし、利益をあげていた。しかしこの産業は変革期にあったので、そろそろ新しいことをはじめるべきだと考えたのだ。

当時のガールフレンドが英語教師の仕事のためにテキサスから東京へ行ったことがきっかけとなり、日本で英語を教えることに興味を持った。私はケンブリッジ大学が主催する英語をネイティブ以外の人に教えるプログラム（ＥＳＬ）を修了していたので、日本に行ってもやっていける自信があった。しかし、そこで気づいたのだ。大学で経済学の学位は取っていたが、日本をよく知るためには日本の歴史や文化をきちんと学ぶべきなのではないかと。家から自転車で通えるポートランド州立大学（ＰＳＵ）に、該当する科目がないか調べてみると、ぴったりの科目があった。「日本近代史」だ。

二〇〇二年の春、私が登録したとき講義はすでに三週目まで進んでいたし、約二〇年も学校を離れていたので、準備万端というわけではなかった。それでも、なんとかなるだろうと大学に通った。講義は主に幕末から明治維新までを扱っていて、担当は近代日本の天皇制を専門とするケネス・ルオフ教授（愛称ケン）。若いながらも高く評価されていて、その後、日本でも『国民の天皇　戦後日本の民主主義と天皇制』（岩波現代文庫）や『紀元二千六百年　消費と観光のナショナリズム』（朝日選書）が翻訳出版されている。週に一度の夜間講義はとても楽しく、結果的にクラス最高の得点を取ることができた。おまけに、出版したばかりの『明治天皇』（新潮社）について講義をしにきたドナルド・キーン氏に会うこともできた。

翌二〇〇三年の早春、ケン先生の研究室でおしゃべりをしていると、彼は私に言った。

「ＰＳＵの歴史学科の修士課程に進んでみたらどうだい？」

私は数日考えたあと、大学院に進む決心をした。大学院に進んで日本史の修士号を取るには、大学二年生レベルの日本語の単位が必要だった。恐ろしいことに、これまで日本語のクラスは取ったことがない。時間割を見ると、うまく取れる日本語の講義もない。けれど、そこで悩んでいる時間はなかった。修士課程に出願して通らねばならないのだ。まず受けるべきはＧＲＥ（Graduate Records Examination）だった。英語、文章力、数学の基礎学力をはかるテストで、大学院への出願の際にはその点数を提出しなければならない。私は数か月後のＧＲＥに申し込んだ。二〇年以上勉強をしていなかった科目だが、テストまでのあいだに復習すれば何とかなるだろう。それと同時に初級レベルの日本語の本を買って、ひらがな、カタカナ、漢字などの勉強もはじめた。

ついにGREの試験の日がやってきた。英語と文章力は、こういうタイプのテストではたいてい高得点を取れていたので、それほど怖くなかったが、問題は、長らく忘れていた三角法や微分積分だ。おさらいはしてきたが、最悪の結果も覚悟していた。

一か月後、郵便で結果が送られてきた。どうにか一八〇〇点満点の一七〇〇点を取れていた。このときすでに一二月になっていて、大学院の講義がはじまるのは翌年の九月だった。独学で日本語の勉強は続けていたが、単位を取るには心もとない。私はふとマットのことを思い出した。


その年の春から、私はケン先生の紹介で「日本演劇」も履修していた。このクラスの担当教授で、ドナルド・キーン氏のコロンビア大学大学院での教え子でもあるローレンス・コミンズ（愛称ラリー）とは友だちだった。私が前年の夏に日本で歌舞伎をはじめて観たとき、ラリー先生が英語でイヤホンガイドをしていて、観劇の前にメールを出したことから交流がはじまったのだ。そのとき観たスーパー歌舞伎「南総里見八犬伝」がとても面白かったことも大いに影響して、私は彼の日本演劇のクラスを取り、歌舞伎、能、文楽、狂言を勉強した。

夏期特別講座の最終試験（歌舞伎か狂言を舞台で演じる）では、ビデオ撮影係を買って出た。ラリー先生はどういう経緯でか、私が地元の地ビールメーカーの出資者のひとりであることを知り、「よければ上演後の打ち上げパーティに、ビールの提供をお願いできるかな」と言った。名案だ。すでにポートランドの日本関連イベントでは、何度も実行していたし、日本酒を輸入している友人もいた。終演後は、大きなクーラーボックスふたつにいっぱいのビールと日本酒を、参加者、出演者、それに裏方の人たちに配って味わってもらった。

私はこのとき、舞台の出演者や制作者たちとも新たに知己を得た。そのうちのひとり、マットはポートランド州立大学の日本語学科の卒業生で、当時は大阪の大学院に通っていたが、夏休みで帰省していた。私が持ってきたビールを飲んで、とてもご機嫌だった。マットが日本での研究について話してくれたので、私も大学院で日本史を専攻するつもりであり、それには日本語をマスターしなければならないのだが、日本に行けたら上達の助けになるのではないかと考えていることも話した。さらにビールを一、二杯飲むとお開きの時間になった。

別れる前に、マットはこう言ってくれた。

「日本に行くときは、ぜひうちに来て、泊まってくれ」

マットとお互いのメールアドレスを交換し、話はとりあえずそれで終わった。

それから八か月後、彼の招待を受けることを決めたのだが、三か月近くも彼の部屋に居候することも、これが素晴らしい友情のはじまりになることも、私たちはまだ知らなかった。

奈良ではじめての日本長期滞在

二〇〇四年二月、私はポートランドから飛行機で東京へ行き、友人たちと数日過ごした後、京都へ向かう新幹線に飛び乗った。マットがメールで指示してくれたとおりに、京都からは近鉄線に乗って奈良をめざした……つもりだった。乗り換え駅である大和西大寺《やまとさいだいじ》に着くところまではうまくいっていた。自分が乗った電車が、南の天理方面に向かって走っていることに気づいたとき、もちろんパニックになって騒いだりはしなかったが、私の焦った表情に気づいたのか、車内の女性が声をかけてくれた。次の駅で電車を降り、大和西大寺まで戻って正しい電車に乗り換える方法を彼女が教えてくれたおかげで、私はすぐに目的地にたどり着き、待っていてくれたマットと会うことができた。

マットは、近鉄奈良駅のひとつ隣の駅の近くに住んでいた。寝室がふたつあるアパートで、私が逗留させてもらうにはじゅうぶんな広さだった。マットは卒業まであと一か月しかなく、落語をテーマにした修士論文を書いている真っ最中だった。もちろん日本語で。私はといえば、ポートランドから持ってきた本とマットがもう使っていない参考書で毎日日本語の勉強をしていた。マットが紹介してくれた日本人の同級生に日本語を教わったり、お返しに私が英語を教えたりすることもあった。

夕方になると私が料理をし、ときにはふたりで外へ食べにいった。週に二回か三回は奈良の街まで歩いていき、「ルーマーズ」というパブに行った。外国人にも地元の日本人にも人気の店で、ビールを飲んだりダーツをしたり、おしゃべりをしたりしている客でいつもいっぱいだった。私はアメリカのパブを思い出させてくれるこの店が好きだったし、知らない人と話したり、親しくなれるのもよかった。残念ながらルーマーズは数年前に閉店してしまったが、ここで知り合っていまでも連絡を取っている友人が何人もいる。

奈良にやってきたとき、日本の食べ物についてはポートランドで食べたことがあるもの以外はほとんど知らなかった。でも新しいものにはぜひチャレンジしてみたいと思っていた。けれど外食といえば、だいたいお好み焼き（いままでに食べたことのないタイプの食べ物だった）か、よくある居酒屋のメニュー、刺身、焼き鳥、サラダ、あとはおにぎりといったところだ。しゃれたものや珍しいものはなかった。

しかし、ある金曜日の夜、はじめて入った居酒屋で、信じられないような経験をした。友人たちと数人で、二時間ほど飲み食いをしたところで、誰かが「鶏刺身盛り合わせ」を頼んだのだ。生のレバー、生のハツ（心臓）、生のササミ、そのほか一、二種類の生の何か。最初、私は何が出てきたのかわからなかった。生であるのは見れば明らかだったが、いままでに見たことのある魚のどれでもないようだ。そう、このときまで果物や野菜以外、生で食べたことがあるのは魚だけだった。人間が生の鶏肉を食べるなんて。想像を超えていた。私が生まれ育ったアメリカでは、加熱していない鶏肉は致死性のバクテリアに汚染されていると考える。だから目の前にあるものが何かを知ったとき、一瞬言葉を失った。

日本人の仲間の前だったので、怖がったり気持ち悪がったりしているとは思われたくなかった。だから、毒のある可能性が高いこれらの食べ物を口に入れるべき合理的な理由をなんとか見つけようと必死で考え、そしてひらめいた。この料理がメニューに載っているということは、多くの客が食べているはずだ。よって安全なのだろう、と。私はもともと心臓や肝臓などの内臓はあまり食べないので、ササミを食べてみた。少量のワサビとともに。ビールと焼酎もこの決意を後押ししてくれたのだと思う。たとえ、この肉にバクテリアが残っていたとしても、アルコールが殺してくれる。そう思うことにした。

生の鶏肉を食べて居酒屋を出たあと、しばらくは自分の体が心配だった。けれど翌日、体調はよかったし、お腹は痛くなかったし、下ってもいなかった。悪影響はまったくなかったのだ。私は無事だった。おまけにポートランドへのいい土産話ができた。

奈良で過ごした三か月は愉しいことばかりだった。いい経験をたくさんした。とくにマットの自転車で奈良や周辺の街をサイクリングした日々は素晴らしかった。一日一日が新しい冒険のようだった。日本の古い遺跡をたくさん目にし、多くを学んだ。いい友人もたくさんできたが、そのなかでもいちばんの友だちはマットだ。しかし残念ながら五月のはじめ、去るときがやってきた。ポートランドに帰って、大学院入学のための手続きをしなければならない。それに九〇日の観光ビザももうすぐ切れる。だから仕方なく、私は帰国した。

オレゴン州における日本食の歴史を調査

九月からはじまった大学院の一年目は問題なくすぎた。たくさん本を読み、大量のレポートを書かねばならなかったが、そのすべてが愉しかった。取っていた科目のほとんどは歴史関連のもので、専攻する日本史はもちろん、副専攻のフランス史も勉強しなければならない。日本文学とアジアの政治学も取っていた。必要なわけではなかったが、歴史以外のことにも興味があったからだ。日本のことを専攻していると、どのクラスにも日本から来た学生がいて、そのほとんどは女性だった。日本人の同級生数人と知り合い、英語を教えるかわりに日本語を教えてもらった。彼女たちはときどき日本料理をつくってくれたり、ポートランドにある日本食のレストランについて教えてくれたりした。どちらも、当時の私がほとんど知らないことばかりだった。

大学院で勉強をしながら、修士論文のテーマを考えはじめていた。私が食べ物に興味を持っていることを知っている担当教授のケン先生が、「オレゴン州における日本食の歴史を調べると、興味深いことが見つかるのでは？」とアドバイスしてくれた。ケン先生はそんなことを言ったのをいまでは忘れているが、彼自身が日本食についてもっと知りたいと思っていたからこそのアドバイスだったと思う。面白そうな研究テーマだ。ただ、資料がじゅうぶん集まるかどうかわからない。講義が終わったところで、さっそく調べてみることにした。

まずは食物の歴史についての本をかたっぱしから読んだ。日本だけでなく、アメリカ、ヨーロッパ、そして世界の食物史についての本を。そこからオレゴン州の日本食に関する情報を調べはじめた。資料として読んだもののなかには、明治時代に移民としてやってきた日系一世について書かれた本や彼ら自身が書いた本もあった。日本人移民排斥運動についても調べた。そうしているうちに、オレゴン歴史協会の書庫に保管されているとても貴重な史料を見つけた。ポートランドの日本語新聞「央州日報」（央州＝オレゴン州）の一九一七年から一九二六年までが、ほぼすべて保存されている安井兄弟コレクションだ。

安井兄弟コレクションは、戦前オレゴン州フッドリバー市に住んでいた安井家の人々が、一族の店である「安井兄弟商会」に当時あったものを保存していたものだ。フッドリバー市はポートランドの東一二〇キロメートルほどのところにあるフッド山の斜面に開けた町で、かつて六〇から八〇世帯の日本人家族が住んでいて、そのほとんどは農業従事者だった。安井兄弟商会は日本人が必要とするものや、欲しいと思うものを何でも母国から取り寄せて売っていた。味噌、醤油、糠《ぬか》、さらには味噌や酒をつくるための麹《こうじ》、米、酒、アサヒビール、缶詰。食べ物ばかりでなく本や雑誌も扱っていた。そして、日本へ帰国するときの旅行代理店の役割まで果たしていたのにには驚く。安井兄弟コレクションには取引業者のカタログから売上記録、雑誌、手紙、注文書など、ありとあらゆるものが保存されていて、すべて戦前の日本語で書かれた資料がおよそ一〇〇箱分もあった。まるでこの店のはじめから終わりまで、一切のものを捨てずにとっておいたみたいだ。それに安井家は馬小屋を蔵として使用していたため、コレクションは戦争を無傷で乗り切った。戦時中日本人は収容所に送られたので、こういう例は珍しい（当時の店の建物の一部がいまは横浜の海外移住資料館にある）。

週六日発行されていた「央州日報」は、通常は六ページからなり、すべて日本語で書かれている。掲載記事はほとんど地元の人々やイベントに関するニュースだ。一ページの半分を使って、地元のレストランや、ワシントン州のシアトルやタコマなどほかの日本人が多い街のレストランの広告が掲載されている。別のページも半分は食料雑貨店や豆腐屋、魚屋、八百屋、和菓子屋、それに床屋や医院、病院、写真館などいろいろな業種の広告が載っていた。レストランや食品関連の店の広告は興味深かったし、研究の役にも立つ。昔のレストランのメニューがなくても、広告を見れば、当時オレゴンでどんな料理が供されていたのかわかる。それ以外の店の広告も、どんな種類の店があって、どんな商品を売っていたかを知る貴重な史料だ。たとえば当時の日本人社会で、これほど多くの和菓子屋と豆腐屋の経営が成り立っていた事実には驚いた。

幸いなことに、ボランティアで安井兄弟コレクションのカタログをつくっている日系一世のアツコさんが、旧字体の漢字を読むのを助けてくれた。そして、日系二世の方々にも話を聞くことができた。私が調査をしていた当時、すでに存命の方は少なかったものの、安井家の方や、大正から昭和初期にかけてレストランをやっていた一族の方々に会えたのも貴重な体験だった。

歌舞伎が取りもったフミコとの縁

大学院で日本史の修士号を取るには、アメリカの大学二年生レベルの日本語を修得していることを証明する必要があった。独学で学んだのと、奈良で友だちから教わったぐらいだから、もっともっと勉強しなければならなかった。しかしあまり時間はない。

そこで二〇〇五年の夏、早稲田大学のアメリカ人学生向けの夏期語学集中講座を受講するために、ふたたび日本へ向かうことにした。八週間にわたって、毎日みっちりと日本語の授業を受けるスケジュールになっていた。日本語を正式に学ぶのはこれがはじめてだったが、私が入った初級クラスの学生は私以外みな大学一、二年生レベルの日本語は履修済みだった。初日の授業が終わるころには泣きそうになっていたが、あきらめずに出席しつづけ、通常の授業の後に補講まで受けた。それでどうにか大学一年生レベルの日本語まで修了した。

数年前にはじめて観た歌舞伎が面白かったので、今回の滞在中にまた観劇したいと思っていた。しかしいっしょに行く人がいない。早稲田の同級生はみな私よりずっと若く、歌舞伎のような文化的なイベントより、夜飲みにいったり、買い物したりするほうに興味があるようだった。

ちょうど日本へ出発する直前、たまたま実家に電話をすると、お客さんが来ていた。母の古くからの友人で、家族ぐるみのつきあいをしているアネットが、二日ほど滞在していたのだ。私が電話したとき両親は出かけていて、アネットが電話に出た。アネットはカリフォルニアに住んでいたので、もう何年も会っていなかったし、話すのも久しぶりだったが、昔は二家族でキャンプに行ったりしていた。アネットと話しているうちに、ずっと会っていない彼女の娘ケイトがいま東京に住んでいることがわかった。

「早稲田に行っているあいだに、会えるかもしれないわね」

アネットはそう言って、ケイトのメールアドレスを教えてくれた。

ケイトは私の二歳年下で、二〇年以上も東京に住み、ジャーナリストをしていた。何度かメールのやりとりをして調整を繰り返した結果、ケイトのホームパーティに招待されることになった。住所を教えてもらい、その日を空けておいた。

パーティは土曜日に、ケイトとのちに夫となるパートナーが住む家で行われた。目黒区の静かな通りに面した、広々とした洋風の家だ。ケイトの友人でニューヨーク在住の日本人ジャーナリスト、ユリコさんのために開かれたパーティだった。出席者は四、五〇人の人間と一匹の犬。そのなかに素敵な浴衣を着た魅力的な日本人女性もいた。私はその女性と話をした。ほとんど英語だったが、私はまだまだ不自由な日本語をできるかぎり使おうと努力した。彼女の名前はフミコで、ニューヨークの大学院に通ったことがあり、仕事は雑誌の編集者。歌舞伎が好きで、よく観にいっているという。今度いっしょに歌舞伎に行こうという話になった。詳しい日にちは決めなかったけれど、彼女は名刺をくれ、携帯電話の番号をペンで書き添えてくれた。私はその夜遅くまで酒を飲み、ケイトと近況を話し合い、明け方、いつの間にかソファで眠っていた。

パーティはものすごく愉しかったし、数人と知り合えたし、いっしょに歌舞伎に行きたい人もできた。けれどもらった名刺を見てみると、ペンで書いてくれた電話番号がにじんでほとんど読めなくなっていた。ああ。でも東京にはあと三週間いるから、まだ時間はある。なんとか連絡を取れるだろう。

残念なことにケイトはフミコの携帯番号を知らなかったけれど、一週間ほど経ち、それでもなんとか連絡が取れて、歌舞伎座で一幕だけ観る幕見《まくみ》をする約束をした。このとき観たのは納涼八月歌舞伎で、演目はフミコが大好きな中村勘三郎の「法界坊」だった。観劇後、近くの居酒屋に行き、飲みながら軽い食事をして別れた。この夜の歌舞伎座デートがきっかけになって、のちに東京に住むことになるなんて、このときは夢にも思わなかった。

翌年の春、ある日私はフミコから、「春休みにロサンゼルスに行く」というメールをもらった。ポートランドにも行きたいから、私に案内してほしいというのだ。フミコとはあれからメールのやりとりはしていたが、会ったり電話したりはしていなかった。彼女は木曜日に到着して、二日後の土曜日まで滞在する予定だった。それなら私の授業にも支障はない。空港まで迎えにいくから、うちに泊まってほしいと返信した。私の家の二階は日本人の女性留学生ふたりがルームシェアしていたが、お客を泊めるにはじゅうぶんな広さがあった。

彼女がやってくるまで、滞在中どんな感じになるのか、想像もつかなかった。歌舞伎座デートは愉しかったけれど、彼女について知っているのは、雑誌編集者で、東京に住んでいて、英語がすごくうまいということぐらいだった。あとは、とてもきれいで、着物を着るととくに素敵だということだけ。

フミコにポートランドを案内しながら数時間とともに過ごしているうちに、滞在中どうすればいいかなんて心配しなくていいとわかった。ふたりでとても愉しい時間を過ごし、私はソファで寝て、彼女には私のベッドで眠ってもらった。東京へ帰る便に乗る彼女を空港へ送っていくときは、残念でたまらなかった。そして、修士号を取るのに必要な授業が終わる六月に、今度は私が彼女を訪ねて東京へ行く約束をした。

東日本橋へ、そして「江戸政《えどまさ》」初体験

フミコがポートランドに来てくれてから二か月後、私は彼女に会うために、ふたたび日本へ向かった。彼女が成田まで迎えにきてくれたので、とても助かった。このときの私は彼女の住む日本橋界隈のことはよく知らなかったから、自力ではとてもたどり着けなかっただろう。日本橋については本で読んだことがあり、街の歴史なら少しは知っていた。けれど自分が、通りすぎるだけでなく、実際にそこへ行くことになるとは思ってもいなかった。

フミコの住む東日本橋のマンションは素敵な部屋だったが、アメリカ人の私からすると狭い。でものちに、東京のひとり暮らしの住まいにしてはかなり広いことがわかった。到着した翌日、時間があったので、近所を歩いてみると、東京のこれまでに行ったことのある地域とはちがうこの街がすぐに好きになった。

夏の夜は、通りのむこうの隅田川から涼しい風が吹いてきて心地よかった。雨でなければ毎晩八時半になると、遠く東京ディズニーランドで上がる花火を眺められる。そして、むかいのビルの屋上には小さな神社があった。マンションの部屋から見下ろさなければ、絶対にその存在はわからなかっただろう。すぐ近くには美味しい小さなパン屋があり、それから寺もある。薬研堀《やげんぼり》と

呼ばれているこのあたりは、江戸時代にはじめて七味唐辛子がつくられた場所だとのちに知った。その「大木唐からし店」という店は、いまでも営業している。

一か月ぐらい東日本橋のフミコの家で過ごすあいだ、買い物や食事のために、よくふたりで浅草橋まで歩いていった。家のまわりよりもレストランがたくさんあって、いろいろ選べたからだ。歩いて戻ってくるとき、両国橋のたもとにある小さな店の前を通った。家のすぐ近くだ。店の名前を訊くと彼女は「江戸政」だと教えてくれた。立ち飲みスタイルの焼き鳥の店で、ちょっとした有名店のようだ。彼女はここに四、五年住んでいるのに、自宅から三〇秒のところにあるこの店に入ったことがなかった。いつも遅くまで仕事をしているので、帰ってくるともう閉まっているし、どう見ても男性客が多そうな店に入っていく勇気がないという。こういう店はサラリーマンの男性が行くところで、女性、とくに独身女性はめったに行かないというのだ。

ある日、フミコの帰りが早く、ちょうどお腹も空いていたので、ふたりで江戸政に行ってみることにした。店に入ると、客はひとりかふたりしかおらず、その人たちもちょうど支払いをしているところだった。フミコと私はカウンターの前に立った。背後の壁には相撲の力士の写真や手形を捺《お》した色紙がびっしりと貼ってある。私は生ビールを注文したが、あいにく生はなく、あるのは瓶ビールだけだった。おかみさんが瓶とグラスふたつを運んできてくれたとき、酒の代金はその場で支払うことがわかって、驚いた。店を出るときに、料理の代金と合わせて会計するのではないのだ。問題ない。むしろなかなかうまいやり方なのかもしれない。店を出るときに払うのは料理の代金だけなので、たぶん客はみな安かったと思うだろうから。

それから、おかみさんが訊いた。

「生はいかがですか？」

なんだ、生ビール、ほんとうはあるんじゃないか。

「ちがうわ」とフミコ。「生っていうのは鶏肉のことよ」

私はアメリカ人としては珍しく、生の鶏肉なら過去に食べたことがある。深夜の奈良の居酒屋で経験済みだ。あのとき、結局悪い影響は何もなかったから、ためらわず今回もチャレンジすることにした。私たちは二皿頼んだ。一皿に生の鶏肉のミンチのボールがふたつ並び、たれがかかっていた。脇にはワサビが添えられている。とても美味しかった。私はすっかりファンになった。

目の前では、三〇歳ぐらいの男性が黙々と焼き鳥を焼いている。おそらくおかみさんの息子だろう。白地の料理人用シャツの下に着ていた黒いTシャツは、なんとポートランドの自宅から一キロメートルも離れていないところにある「ラングリッツレザーズ」というブランドのものだった。多くの人が世界一のライダースジャケットと認めるブランドだ。ボブ・ディランや有名俳優、スポーツ選手など、セレブリティが愛用している。以前、大阪のアメリカ村の店でラングリッツのシャツとジャケットを売っているのを見るまで、日本でこんなに人気があり、しかも高い値がついているとは知らなかった。

江戸政名物「生」は、独特な甘いたれが味の決め手

私がフミコとラングリッツの話をしているのが聞こえたのか、彼がこちらを向いた。フミコに通訳してもらいながら、少し話ができた。私がポートランドのラングリッツのすぐ近くに住んでいることを知って、彼は驚いたようだった。

この夜は閉店間近だったので、あまりいろいろ食べなかった。ねぎまという鶏肉とネギを交互に串刺しにした焼き鳥と、あと一、二品を二本のビールで流し込んだ。焼き鳥は前にも食べたことがあったが、こんなに美味しいのははじめてだった。東京にいるのもあと数日だったが、このとき、私は自分がまたこの店に来ることを確信していた。そして、そのとおりになった。

神田明神での結婚式

いつしか恋人同士となった私たちは、自然に結婚を考えるようになった。その年の一一月の感謝祭には、ポートランドの実家にフミコを招き、私の家族にも会ってもらった。

アメリカの感謝祭は、日本の正月に似ているような気がする。どちらもたくさんのご馳走が出るし、家族が集まる。大きなちがいといえば感謝祭はたった一日で終わり、飲む酒が日本酒でなくワインやビールであること、テレビで観戦するスポーツが箱根の大学駅伝ではなくアメリカのカレッジフットボールであることぐらいだ。このころにはフミコと私は結婚の話をしはじめていたが、具体的にはまだ何も決めていなかった。私は父にさりげなく訊いた。

「日本人の義理の娘ができるって言ったら、どうする?」

「ぜんぜん問題ない」

父はそう答えたし、私のフィアンセをとても気に入ってくれた。それは母も妹も同じだった。ただし、「フミコ」という彼女の名前をみな、正確に発音できなかったけれど。

次に日本に行くときは結婚しよう、少なくとも入籍はしようと計画していた。

二〇〇六年一二月二七日にポートランドを発った私は、二八日に東京に着いた。ポートランドで家族とクリスマスを過ごし、日本で正月を祝うことができるよう、日程を考えたのだ。日本の正月について話はいろいろ聞いていたが、実際に経験するのははじめてだった。

到着した翌日、正月料理の材料を買うためにフミコと人形町まで歩いていった。東日本橋にはスーパーがないからだ。どちらの町も私にとっては馴染みがなくて物珍しく、古い家がたくさんあって魅力的だった。多くの家々は一九二三年の関東大震災後や終戦直後に建てられたものだという。そして着物姿の女性があちこちにいるのも、京都以外では目にしたことのない光景だった。

大晦日《おおみそか》には、フミコのお節料理づくりを手伝った、というより見学した。ポートランドを発つ前からずっと日本の正月料理を味わうのを楽しみにしていたし、つくっているところを間近で見てからはさらに期待に胸がふくらんでいた。田作り、なます、筑前煮、それにもちろん刺身の準備。元旦の刺身の盛りつけは私の仕事だった。

　そしてついに、一月一日の朝を迎えた。私はふだんの朝と同じようにオレンジジュースを飲んで一日をはじめようとした。このときは正確にはみかんジュースだったが。私は自分でグラスに注ぎ、飲もうとした。けれどグラスが唇につかないうちに、フミコの叫び声が聞こえた。

「待って！　飲んじゃだめ！」

「どうして？」

　昨日の朝も飲んだこのジュースが、その後悪くなっているとでもいうのだろうか。

「今日は何かを飲んだり食べたりする前に、まずお屠蘇《とそ》でお祝いするのよ」

　彼女はさらに続けた。「そして、毎朝飲みつづけるの。お正月の三が日はね」

　なんて興味深い習慣だ。私は若いころには日曜日のブランチにシャンパンを飲んだりしていたし、シャンパンのかわりにブラッディ・マリア（ブラッディ・マリーを、ウォッカではなくテキーラでつくったもの）を飲むこともあった。キャンプでは、昼食の前にビールを飲むこともある。けれど三〇歳を過ぎた大人が、朝っぱらから、しかも起き抜けに飲むなんて、アメリカでは普通眉をひそめられるし、アルコール依存症のレッテルを貼られかねない。

　元旦の朝、酒の習慣がアメリカとどれほどちがうのかをはじめて知った。日本人にとって正月の三日間は、朝から酒を飲んでもまったく問題がないのだ。

正月休みが終わると、フミコが毎日会社へ行くふだんの生活に戻り、私は家で修士論文を書いていた。居候として少しは役に立ちたかったたし、東日本橋界隈だけでなく、もっと広く東京の街を見てまわりたかったので、私は買い物を担当すると申し出た。それぐらいなら、日本語もなんとか通じるだろう。

あるとき、小さな問題が生じた。野菜と酒以外の買い物は、東日本橋を離れて人形町まで歩いていかなくてはならない。通常だいたい一五分ぐらいの道のりだ。何度か彼女と歩いたコースなので、ひとりでも大丈夫だと思っていた。しかし半分ほど行ったところで、自分がどこにいるのかわからなくなった。私は方向音痴ではないから、道に迷うことはまずない。でも彼女といっしょに歩いていたときには、見るものすべてが珍しくて、そちらに気を取られ、どこを歩いているのかに注意していなかったのだろう。

幸い、以前来たときに見たランドマークをいくつか思い出せたので、なんとか現在地がわかり、目的地までのめどもついた。目印に最適なのは明治座だ。明治座を右に曲がると人形町の中心部に出るし、そのまま直進すればスーパーに着く。それでもわからなくなったら隅田川を探して川沿いに歩いていけば、かならず家に帰れる。川岸の道を歩くのは心地よかった。

今回、東京にやってきた目的は結婚することだった。そして滞在が終わる直前に、私たちはほんとうに結婚した。アメリカでは役所で、判事や役人が結婚の儀式をしてくれるので、日本でもそういうものがあると思っていた。だから日本での入籍がこんなにもシンプルですばやいのには驚いた。アメリカでは免許証の更新だってもっと複雑で時間がかかるのに！

妻と私はその夜、ちょっとした外食でお祝いをした。そして数日後、次は四月半ばにやってくることを決め、私はポートランドに帰った。滞在中ふたりで正式な結婚式の計画をたてて、式場を予約した。正直なところ、細かな計画をたてたのも、実際に手配をしてくれたのも、ほとんど彼女だったけれど。

ポートランド滞在中、日本に行っているあいだに自宅を貸す人を探したのち、二〇〇七年四月半ばに東京に戻った。正式に結婚式を挙げ、その後は主に東京に住むことに決めていた。

式は氏神様である神田明神で挙げ、披露宴は親族とごく近しい友人だけを呼んで、人形町の料亭「玄冶店《げんやだな》 濱田家《はまだや》」で行なった。私は正装である黒紋付に袴《はかま》をつけ、妻は式では白打掛を着た。私は着物を着たのはこれがはじめてだったが、幸い神田明神には着付けがいて、着物を着せてくれた。披露宴では、妻は新調した京都の手描きの美しい色留袖に着替えた。

もうひとつ、披露宴では芸者をはじめて呼ぶことができた。当日出すビールの銘柄、日本酒の種類、料理など具体的なことを決めていたとき、ウェディングケーキは用意するかと訊かれた。そして、料亭なので芸者も呼べることを知った。値段はケーキと同じぐらいだった。これまでに出たアメリカの結婚パーティにはかならずケーキはあったが、芸者が酒を注いでくれたり、芸を披露してくれたことはなかった。どちらを選ぶかは迷いようがない。フミコも乗り気で同意してくれた。

ポートランドからやってきた両親は、芸者とのやりとりをとても愉しんだ。踊りも、みんなにビールや日本酒を注いでくれることも。

七〇代半ばだった私の両親は、日本に来るのは最初で最後になるかもしれなかった。彼らはヨーロッパには数回行ったことがあるが、アジアははじめてだった。ヨーロッパは言葉や習俗もわかりやすいが、アジアでは食べ物をはじめとして文化のちがいは大きかったはずだ。それでもふたりは日本をとても愉しみ、その後もよくこのときの話をしていた。日本料理はそれまで天麩羅や鶏肉のテリヤキしか食べたことがなく、刺身もまったく口にしたことがないふたりだったが、東京で食べた料理を大いに気に入ったようだった。父はとくに鉄板焼き、それも和牛がお気に入りで、私の心配をよそに、食事にはまったく困らなかったようだ。昔幼稚園の先生をしていた母は、小さな子どもを見かけるたびにうれしそうに眺めたり、話しかけたりしていた。

江戸政、再訪

はじめて江戸政に行ったときから、また訪れたいと思っていたが、なかなかその機会がなかった。結婚式の日、式と披露宴が終わった夕方、私は黒紋付に袴、妻は色留袖というでたちのまま、東日本橋の自宅に帰ってきた。昼に少し雨が降ったが、気持ちのいい天気だったし、外はまだ明るかったので近所を少し歩いてみることにした。私はカメラを持っていった。江戸政の前を通りかかったとき、あのときの若い主人がちょうど出てきた。こんな格好でこのあたりを歩いている外人は、あまり見たことがなかったにちがいない。彼はひと目見ると、すぐに私たちのことを思い出したようだ。まだ一度しか店に行っていなかったし、それから一年近く経っていたというのに。

彼としばらく話してから、私たちといっしょに写真に写ってくれないかとお願いした。彼は快諾し、店の前に並んで立ってくれた。彼に礼を言って別れ、私たちは散歩を続けた。長く忙しい一日のあとには、こんな時間が必要だったのだ。

結婚式から一か月ぐらい経って、ようやくまた江戸政に行く機会が訪れた。この日、妻は仕事関係の会食で遅かったので、ひとりで行ってみることにした。店の前で撮らせてもらった写真をプリントし、渡すために一枚持っていくことにした。店内に入ると、彼とおかみさんがあたたかく迎えてくれた。六時ごろだったが、客は五〇代かそれより年配のサラリーマンばかりで、なにごとかというようにいっせいに顔を上げた。たぶん江戸政で外人客を見たのははじめてだったのだと思う。一分ぐらい経ってからようやく、私が場を乱す前の状態に戻った。私は写真を渡し、ビールを頼んだあと「生」を注文した。もちろん、ビールではなく生の鶏肉のことだ。焼き鳥も頼んだ。ビールを頼むときに、カウンターにお金を置くことも忘れなかった。ほかの客がもう私を気にしなくなったのはそのせいかもしれない。

次に江戸政に行ってみると、前回持っていった写真が、壁の力士の写真や色紙のすぐ隣に貼られていた。壁の装飾や写真全体が替えられるまで、一年ほどそのままになっていた。私はまるで常連客になったような気分だったが、実際にはまだ二度しか来ていなかったのだ。このときは店が混んでいたので、彼とは数分程度しか話をしなかったし、たぶん彼の言ったことの半分ぐらいしか理解できていなかったが、店の歴史がなんとなくわかってきた。

そして何度も通ううちに、いろいろ知ることになった。

わかったのは、調理をしている男性は、おかみさんの娘の夫だということだ。二代目の店主兼料理人だったおかみさんの夫が前年の秋に亡くなり、数か月店を閉めていたのだが、年明け早々に三代目がふたたび店を開けたのだった。

おかみさんの父親が江戸政を開店したのは大正一三年（一九二四）で、最初は屋台だった。近くの相撲部屋に行っては、焼き鳥を焼いていたという。この最初の屋台の写真がカウンターの前に貼ってある。屋台からはじまったこの店が、江戸時代には火除け地（防火のための空き地）で、雨季のあいだだけ歓楽街として屋台が並ぶことで有名だった両国橋のたもとに、いまでも暖簾《のれん》を掲げているのは素晴らしいことだと思う。

神田祭《かんだまつり》で神輿《みこし》を担ぐ

神田明神で結婚式を挙げてから半年ほど、私は東京とポートランドを行ったり来たりしていた。ポートランドの家を売りに出し、あとは買い手を待つばかりとなって、ようやく東京での生活を本格的にスタートさせることができた。

東日本橋で実際に暮らしてみるまでは、下町の暮らしがどんなものなのか想像もつかなかった。東京での生活というと、満員電車に揺られて長距離通勤とか、煌々とネオンに照らされた渋谷の街を行き交う人々など、漠然としたイメージしか持っていなかった。でも、日本橋はそのどれともまったくちがっていた。ひとつだけイメージどおりだったのは、日本の住居がアメリカのものよりずっと狭いことだ。妻が住んでいたマンションはポートランドの家のリビングほどの面積だった。これでもたいていのひとり暮らし用の住居、とくに独身者の部屋よりは広いのだと頭ではわかっていたが、狭いスペースでの暮らしに慣れるのには少し時間がかかった。

結婚式の二週間後に、日本三大祭りのひとつともいわれる神田祭があった。祭りの初日、私はほとんど見ているだけだったが、まるで近所の人々が全員参加しているような賑やかな様子に惹きつけられた。とくに神輿だ。こんなものを見るのは、生まれてはじめてだ。いつもはとても静かな町が、二年に一度、たった三日間だけ、祭りで騒々しく沸き立つ。ここに住んでまだ数週間だったので、知り合いがひとりもいなかったのだが、みな私の姿を見ると声をかけてくれ、祭りに参加させてくれた。さらには私のためにXLサイズの半纏《はんてん》まで探してきてくれたのだ。神輿を担げる若い人手が必要だっただけかもしれないけれど。私は神輿を担ぎ、大いに興奮し、愉しんだ。そしてあとで腰と膝が痛くなった。ほかの人たちより一五センチは背が高いので、膝を曲げ腰を落とすか、神輿のこちら側の重さをひとりで支えるかのどちらかしかないからだ。この日以来、私は慎重に神輿を担ぐことを学んだ。祭りでは、いろいろな人と知り合えたし、近所の人に私の存在を知ってもらうこともできた。自分がよそ者としてではなく、ここに溶け込みたいと思っていることを伝えられる、いい機会だった。

この街に来たばかりで、唯一のアジア人以外の人間である私は、物珍しいようだった。みんなが私に視線を向けるし、いろいろと話しかけてくれた。いまでも知り合いがいない場所に行くと、ときどきそういうことがある。日本に来たばかりのころは、外国人だからというだけで日本人なら招かれないようなところに呼んでもらえたり、得することもあった。

「あなたが外人だからだわ」

妻は、ときどき嫉妬したようにそう言う。そのとおりだと私も思う。

私の日本語はそれほどうまくなかったが、いつもなんとか通じていた。よく知っている事柄である食べ物の話ならなおさらだ。日本食は私にとって愉しい話題だったから、初対面の人と話すことが多かった。それが、修士論文のためにも役に立つ結果となった。日本食について研究をはじめたばかりのころ、マイケル・アシュケナジとジャンヌ・ジェイコブ共著の『日本料理の本質食と文化についてのエッセイ』を読んだ。この本のなかで、一〇年以上経ったいまも忘れられないのは「日本ではどこへ行ってもみな地元の食べ物に詳しく、好んで話題にする。それは、職業や地位に関係ない」という部分だ。読んだときにはまだ日本の郷土食について調べる前だったので、著者の言いたいことがよくわからなかった。けれどいまはよくわかる。日本の人たちはみなたしかに食べ物の話をしたがるし、私が会った人のほとんどは自分のふるさとの食べ物について、非常に詳しく、誇りを持っていた。

結婚後も、私は毎日自宅で修士論文を書きながら、「央州日報」の食べ物関連の広告を翻訳しようと頑張っていた。一方で、妻が家に帰ってくるのはたいてい八時を過ぎていたので、買い物や夕食の準備は私の役目になった。週に一度生協の宅配を頼んでいたが、生協の注文カタログはすべて日本語だったので、読解力を養うためにはいい勉強になった。それに、食べたいものがあっても、その漢字がわからなければ注文できないのだから、必死に日本語を勉強するしかなかった。

私にとって買い物は、やってきたばかりの街を探検するチャンスであり、それ自体がとても愉しかった。果物と野菜は近くの八百屋で、ビールと酒はすぐ隣の酒屋で買う。そのほかのものは、最寄りのスーパーである浜町《はまちょう》の「ピーコック」に買いにいった。まだ日本の生活にそれほど慣れていなかったので、日本語を話すときは緊張した。やはり知らない人と話すのは難しかった。

妻のマンションで半年ほど暮らすうちに、もっと広い部屋に引っ越すべきだということになった。私が作業をする場所はソファと小さな食卓用のテーブルしかなく、パソコンや本やノートなどは、夕食のときにはいったん別の場所に片付けて、翌日また持ってこなければならなかったのだ。

日本橋周辺、とくに浜町と人形町の物件を探しつづけて、最終的にいま住んでいる人形町の部屋に決めた。新しい部屋はポートランドの自宅に比べたら狭いが、前よりはかなり広くなった。それに私の仕事部屋ができた。

日本橋人形町で暮らしはじめる

人形町の新居と東日本橋の元の家は、距離でいうと約二キロメートルしか離れていないのだが、街の雰囲気はとてもちがっていて、別世界のようだ。人形町での新生活には毎日発見があり、知らない国を冒険しているかのようだった。たくさんの呉服屋があるのには驚いたが、あとになって、それも全体の半分に過ぎなかったことがわかった。着物姿の女性や、ときには男性が通りを歩いているのを見るとうれしかった。そして鮨屋のバラエティの豊富さも驚異的だった。安いテイクアウトから高級なテイクアウト、安い回転鮨から一回の食事が二万円もするような高級店まで。そして、一万円前後の価格帯の店がたくさんあった。

人形町界隈はアメリカの街よりもヨーロッパの街に似ていると思う。食品ならほぼなんでも売っている小売店が歩いて数分のところにあるので、買い物をする時間さえあれば、あらゆる食べ物がすぐに手に入る。本格的なドイツのパン屋まである。「タンネ」というその店にはドイツ人がいて、素晴らしいドイツパンを焼いているのだ！　呉服屋と着物姿の人、抹茶ビールを出すカラオケ店、それに豆腐ドーナツみたいにとても日本的で特殊な食べ物、ほぼ日本人しかいないことを除けば、ヨーロッパの人々にとって人形町は、母国にいるように落ち着ける街にちがいない。おそろしくたくさんのレストランがあることには違和感を覚えるかもしれないが。

人形町は東京のなかでも、かなり昔の面影が残っているエリアであることも知った。江戸時代初期、ここには幕府が認めた遊廓、吉原があり、界隈には歌舞伎の江戸三座のうち中村座や市村座もあったという。浄瑠璃の薩摩座や人形芝居の結城座に関わる人形遣いが多く住んでいたことから、その名がついたという。そして、昭和の半ばまで人形町末廣など落語の寄席が数軒あった。よく妊娠中の女性を見かけるのは、水天宮《すいてんぐう》に関東中から妊婦が安産祈願のためやってくるからだ。それまで、水天宮の存在自体も知らなかった気がする。

引っ越しのあと、自分の自転車を買った。いままで乗っていた妻の自転車は古かったし、私には小さすぎて乗りづらかった。前のマンションの駐輪場は駐車場の中にあって、外から誰でも入ってこられたので、いい自転車を置きたくなかったのだが、新しいマンションの駐輪場は地下にあり、入口のドアには鍵がかかっているので盗まれる心配もない。人形町周辺の自転車屋を見てまわり、「ラレー」というイギリス製の自転車を買うことにした。値段は六万円と安い買い物ではないけれど、これは地元での私の主な移動手段になるのだ。それに自転車に乗るのはいい運動になるし、環境にも優しい。私がまだ見たことのない東京への扉を開いてくれる頼もしい相棒だ。

妻の古い自転車に乗っていたころは、よく警官に止められた。自転車泥棒ではないか確認するためだ。それだけでなく、私が何者なのか、アジア人以外の住人が数えるほどしかいないこの町でいったい何をしているのかも知りたかったのだと思う。止められるといっても、だいたい二、三分話すだけなのだが、浜町公園で止められたときだけはちがった。そのときも最初はとくに変わった感じではなかった。

「すみません、止まってもらえますか?」

と警官が訊いた。

「名前は?」

「その自転車はあなたの?」

いつもそうだが、会話は全部日本語だ。しかしそれも私の出身地を聞くまでだった。オレゴン州出身だと答えると、警官は突然英語になって言った。

「自分はオレゴンの警察学校に行っていたんですよ」

世界はなんて狭いんだ。

新しい自転車を買ってからは、警官に止められて誰の自転車か問われることもなくなった。サドルがこんなに高い自転車に乗る日本人はめったにいないからかもしれない。

人形町に引っ越してしばらくすると、家の近所には英語を話す人がほとんどいないことに気づいた。東日本橋にもそんなにいなかったけれど。人形町に来てからは、スーパーより小さな商店に買い物にいくことが多くなったからだ。そういう店では、日本語を話さなくては買い物ができない。最初はなかなか難しかった。とくに初対面の人に話しかける勇気がなかったが、思い切ってやってみるととても勉強になった。はじめての店に入っていくと、驚かれることが多い。地元の小さな豆腐店や鶏肉店などでは、白人の客は私がはじめてだったのだろう。

日本でやりたいことを見つけた

修士論文「伝統とモダン　オレゴン州における日本食文化の歴史とアメリカ食文化との関係」を書き上げて提出し、修士号取得の最後の関門である口頭試問も無事に終えて、私は、二〇〇九年六月、ポートランド州立大学の大学院を卒業した。大学院に進んだときは、そのまま大学に残って日本史の博士号を取り、その後はどこかの大学で教えようかと考えていた。しかし、不運なことに、あのリーマンショック（二〇〇八年）があった。その後のアメリカ学術界の状況を見れば、この分野でトップレベルの大学の博士課程に進んだとしても、修了まで平均で七年もかかり、さらに、私の年齢で職を得られる保証はないことを悟った。その時間を、もっと有効に使う道があるはずだ。

博士課程に進むかわりに、大学に残ってやりたいと思っていたこと、つまり日本食文化史についての研究、たとえば日本食がどのように世界に広がっていったかを調べたり、書いたりすることを、個人で続けることを決めた。それが将来どのように実を結ぶかはわからなかったが、確信はあった。

それ以来、私は日本食について調査研究し、執筆し、まだ限られた範囲でだが、日本食とその歴史やグローバル化について正しい知識を海外へ普及させることに努めている。学術界から離れた環境で研究するのは苦労も多いが、不可能ではなかった。なにより、日本に住んでいるおかげで、アメリカの大学にいたら絶対に叶わない機会にも恵まれる。本場日本における食文化を知るために、日本橋ほどふさわしい場所はないだろう。この町は、私たちに馴染み深い、江戸時代以降の食べ物の発祥の地なのだから。

もうひとつ面白い仕事をしている。それは外国人観光客や飲食業関係者のためのグルメツアーの主催だ。ツアーは私がよく知っている古き良き下町で行い、江戸・東京の歴史と文化を踏まえて店や食べ物を紹介する。日本の食文化史を、まさにその舞台となった場所で教えているようなものだ。江戸の食文化について、私は東京に住むまでこれほど深くは知らなかった。このツアーガイドは、日本史の修士号と日本で日々更新しつづける食文化の知識を両方とも活かせる、私にとって最高の仕事だ。

（第２章）

妻とふたりの下町暮らし

好き嫌いの多い甥っ子、マイケルの東京滞在

二〇〇九年六月、大学院の卒業式に出席するためポートランドに飛んだ。妻は時間が取れず、私はひとりで行ったのだが、日本に戻るときはひとりではなかった。甥のマイケルを連れてきたのだ。

マイケルは妹の息子だ。当時一三歳のマイケルは、車の助手席に乗っているとき凍結した道で別の車に衝突されて重傷を負い、長い療養生活を終えたばかりだった。長くつらい試練を乗り越えたのだから、彼に特別なご褒美をあげてもいいと思った。それにもっと大きくなると、夏は忙しくなって、日本に来る時間は取りにくくなるだろう。だから二週間滞在してもらう予定で、彼を連れてきた。

結婚式に両親が来たのを除くと、日本の我が家に来てくれた親戚はマイケルがはじめてだった。愛称はモー。父方の親戚とフランスやスウェーデンに行ったことはある。しかしアジアははじめてで、アジアの食べ物を口にした経験もないという。好物はずっとサーモンだった。というよりも、長年モーは夕食にはサーモンしか食べていないのだ。しかも、サーモンだけで野菜はなし。あとはパンとデザートぐらいだ。最近はステーキも好きになってきたと聞いていたし、ヨーグル

トが好きなのは妻も私も知っていた。我が家は毎晩メインに魚を食べていたから、モーの食事を用意するのに苦労はしないと思っていた。でもそれは間違いだった。

モーが東京に来た最初の夜、その八か月前に感謝祭で帰省して会ったときとは、彼の食事の好みが変わっていることを知った。いちばん大きな変化は、魚を食べなくなったことだ。妻が夕食にサーモンと野菜のグリル、サラダ、それに〆鯖《しめさば》を用意してくれていた。モーにとっては〆鯖は生魚に近いから、食べてくれるかどうか不安だった。けれどニシンの酢漬けならスウェーデンで食べただろうし、調理方法がほとんど同じ〆鯖は食べるかもしれない。彼が〆鯖を食べなくても、まだ手はある。サーモンは三人分たっぷりあるから、お腹いっぱいになるはずだ。

妻と私が料理しているあいだ、モーはテレビを見ていて、夕食のメニューには無関心だった。日本にはじめてやってきた人の多くがそうだが、モーも日本のテレビにすっかり魅了されていた。番組だけでなく、大きな画面そのものや、リモコンにずらりと並んだボタンにも。すでに日本では液晶テレビはごく一般的だったが、アメリカではまだ珍しかった。おそらく、モーははじめて見たのではないだろうか。だから彼をテレビから引き離して、テーブルに着かせるのは少し大変だった。彼は席に着くと、皿の上を一瞥《いちべつ》して言った。

「サーモンは好きじゃない」

妻も私もこの発言には驚いた。そこで、彼が食べられるものを探すために、簡単に最近の食事の変化について訊いた。なんと、野菜を食べるようになったという。

「生協でヨーグルトを頼んだのよ」妻がそう言うと、冷蔵庫から出してきた。モーはひと口食べてボウルを押しやると、「お腹はそんなに空いていないし、眠いから、もうベッドに入ってもいい？」と言った。

ポートランドから成田まで一〇時間の長旅で、成田からもさらに一時間かけて人形町まで来たのだから、ほんとうに疲れていたのだろう。この夜、彼は一二時間眠った。生まれてはじめて布団で寝たにしてはなかなかすごい。

翌日、モーにサーモンを食べなくなったことについて訊いてみた。彼いわく、今年からサーモンだけでなく魚全般を食べなくなったのだという。いまはどんなものが好きなのかと訊くと、「ビーフステーキとチキン」と言った。「ふむ」私はひそかに思った。うちの近所には最高品質の和牛ステーキ肉を売る店が二軒ある。「人形町今半《いまはん》」と「日山《ひやま》」だ。彼が滞在しているあいだに、買ってきてやるのもいいかもしれない。しかし毎日そんなことをしていたら、我が家の今週の食費が二倍になってしまう。とりあえず近所の肉屋のことは黙っておいて、彼が自分で見つけるのを待ったほうがいいだろう。

一方、鶏肉は何の問題もない。鶏肉料理はバラエティも豊富だから、じゅうぶん魚のかわりになるだろう。けれど、モーは日本の鶏肉を気に入るだろうか？　それをたしかめるために、私はお気に入りの焼き鳥屋、江戸政に彼を連れていった。江戸政は、いい換気システムを備えているおかげで、鶏を焼く煙だけでなく、煙草の煙も換気されている。その意味でも、喫煙者だらけでない夕方なら、一〇代の少年を連れていくのにいい場所だ。

江戸政に入ったのは午後六時ぐらいで、早くやってきた客たちがだいたい帰ったところだった。店内には、サラリーマンらしき客が四、五人いた。私は江戸政でみんながそうするように、まず瓶ビールを注文し、それから焼き鳥を頼んだ。モーが鶏肉のミンチの「生」を食べないのはわかっていたから、自分の分だけ注文した。「ねぎま」と、「生」を焼いた「たたき」なら気に入るだろうと思ったので、どちらもふたり分頼んだ。

一〇分ほどで焼き鳥、続いて「たたき」が出てきた。モーが食べはじめる前に、まずはスパイスの説明をしなければならない。江戸政には三つのスパイスがある。ワサビ、山椒、七味唐辛子だ。ほとんどの人が「生」にはワサビだけを使う。私もそうだ。山椒を上から振りかける人もいるが、ほとんどの人はかけない。私は「たたき」と「ピーマン」(半分に切ったピーマンに鶏のひき肉を詰めて焼いたもの。大将ではなく、おかみさんがつくることが多い)にかけるのが好きだ。山椒が置いてあるのは、二年前から「鰻かぶと」がメニューに載っているからだろう。山椒は鰻によく合う。たいていの人は鶏肉に七味唐辛子をかける。この七味唐辛子は隣にある大木唐からし店のものなので、いつも新鮮だ。

モーにスパイスをひと口ずつ味見させると、七味唐辛子がいちばん気に入ったようだ。彼は焼き鳥が見えなくなるくらい七味唐辛子をかけた。そんなにかけたら、鶏肉の味がするかどうかわからないが、彼は食べ終わるとすぐに「もっと食べたい」と言った。これから家に戻って、サラダと野菜も食べさせなければならないので、私は「ノー」と言わざるを得なかった。私にとって焼き鳥はスナックだが、魚を食べないモーにとってはメインディッシュのようなものだ。モーは箸《はし》でかなりじょうずに食事をしていたが、焼き鳥の最後のひと切れを串からはずすのには少し苦労していた。すると、大将が皿の端に引っかけて串に残ったひと切れを引き抜いてみせてくれた。こうすれば口に入れやすい。モーは江戸政の焼き鳥をかなり気に入ったようだ。日本で飢えさせなくてすむことがわかって、私はほっとした。

モーが日本でものすごく好きになったもののひとつに、お菓子、とくにキャンディがある。すぐに「ぷっちょ」と「ハイチュウ」の大ファンになり、四国に旅したあいだもご当地フレーバーを熱心に探していた。コカコーラも好きで、止めなければ一日五本は飲んでいただろう。オレゴンにいる彼の母親と相談した結果、飲んでいいのは、一日に一缶あるいはペットボトル一本だけということになった。ただ実際は、私が見ていないすきに、数本は飲んでいただろう。

私はモーがかなりの甘いもの好きであると確信した。最初の夜に日本のヨーグルトを食べなかったのはたぶんそのせいだ。日本のヨーグルトはアメリカのものほど甘くない。

マイケルの東京ハイライト

七夕の日に、妻が茶道の師匠のお宅に招かれる機会があった。パーティはカジュアルなもので、茶室では薄茶をいただくが、リビングルームでは立食でビールやワインを飲む。私もこの七夕パーティには何度かお邪魔したことがあるのだが、せっかくモーが日本に来ているので、彼も連れて三人で行こうということになった。お茶席をこんな若いうちに経験できるアメリカ人は少ないはずだ。

パーティで未成年はモーひとりだった。日本語がわからないのも彼ひとりだ。日本の女性たちの横に立つと大半の人より背が高く、一三歳には見えないので、モーは「背が高くてよかった」と言った。しばらくして私たち三人が茶室に入る番がきた。先生が最初の一服を点《た》てているあいだに、私は小声でモーに和菓子の食べ方を説明した。それから、茶碗がひとり目の客に差し出されたのを見ながら、茶碗を手に取り、回してから飲むことを教えた。

先客にお茶が振る舞われ、ついに私たちの番がきた。モーは、すでに我が家で飲む煎茶には慣れていたけれど、抹茶はまだ飲んだことがない。妻も私も、苦すぎて彼の口に合わないのではないかと心配したが、すべて飲み干した。あとになって、モーはこのとき「少し怖かった」と認めた。何かを失敗したり、間違えたりするのが心配だったようだ。茶碗がどれほど古いものなのか、彼に言わないでおいてよかった。彼がそれを聞いていたら、もっと緊張していただろうから。

けれど結局のところ、モーにとってはいい経験だったようだ。彼はポートランドに帰ってから、友だちを呼んで、七夕パーティを真似たやり方でお茶（抹茶ではなく煎茶だが）を振る舞うようになったという。

明日には帰国するという夜、日本での最後の夕食に何を食べたいかモーに訊いた。本場の和牛を食べたいというなら人形町今半に連れていってもいいし、望むものは何でもご馳走するつもりだった。モーの答えは江戸政。そこで、妻と私とモーの三人で行くことになった。

この夜はわりと空いていて、閉店前の三〇分ほど、客は私たちだけだった。大将は、江戸政の焼き鳥が気に入ったモーに、焼き鳥を焼いてみないかと言ってくれた。もちろん、彼はやってみたがった。大将は冷蔵庫から串を三本出してくると、焼き網の上に置いた。それから、私と妻の通訳を介しながら、鶏肉をひっくり返す方法と、そのタイミングを説明してくれた。焼き鳥を焼くのがこんなに奥深いものだとは。簡単そうに見えても、美味《おい》しく焼くにはかなりの技術が必要なのだ。一〇分ほど経って、鶏肉は焼きあがった。モーは焼き網から串をおろし、たれの入った壺に浸け、それから皿の上に並べた。これで彼は江戸政の厨房に入った歴代四人目の料理人になった。焼き鳥の味に問題はなかった。ひとかけらはちょっと生焼けだったたし、もうひとつは焼きすぎだったけれど。私たちは三人とも、この最後のディナーを心から愉しんだ。

結局、モーの滞在中に江戸政には四、五回行った。モーにどこで食べるかを決めさせていたら、毎晩通わされていただろう。いまも江戸政を忘れておらず、モーはあのときの日本でのハイライトのひとつだったと語っている。

もうひとつの最高の思い出は朝早く築地に行ったことで、「生まれてから見たシーフードを全部足した数より、もっとたくさんの死んだ魚を見た」と言っていた。それに上野動物園と東京ドームの巨人戦に行ったのもハイライトだったそうだ。巨人戦が愉しかったのは、買ってやった巨人のユニフォームに、チアリーダーのほぼ全員からサインをもらったからだろう。

モーはいま大学に通っている。卒業したら、今度は友だちを連れて日本に来たいそうだ。私はオレゴンに行くたびに、彼の好きな日本の食べ物の詰め合わせを届けつづけている。ハイチュウ、七味唐辛子、煎茶だ。

夕食づくりは学びの宝庫

日本に来るまでは、ごく基本的な鮨、麺類、味噌汁以外つくったことも食べたこともなかったが、知識ならあった。修士論文のために日本食について調べているとき、英語で書かれた古い日本食の料理書をたくさん読んだからだ。ほとんどは一九七〇年以前に刊行されたもので、私はその多くをまだ持っている。私にとって料理本は、日本食がどのようにグローバル化していったかの記録である。その本に載っているレシピのうち、実際につくってみたものはひとつかふたつぐらいだ。しかし、すべてを読んだ。なかには、とても面白い本もあった。

結婚してからは、主に夕食をつくるのは私の担当ということになった。料理は好きなので、苦にはならない。問題は、自分だけではなく、日本人である妻も喜ぶような日本料理を覚えなければならないことだった。しかも日本の一般的な家庭のキッチンで料理をつくるということは、バーベキューグリルも西欧スタイルのオーブンも使わずにやらねばならないのだ。

実際にいちばん難しかったのは、食材を知ることだった。私が料理したことも、食べたことも、見たこともない食材が日本にはあまりにたくさんある。アメリカの野菜で、日本ではちょっと手に入りにくいのはエシャロットとか大きな赤褐色のジャガイモ、それにとても辛い唐辛子くらいだ。反対に、アメリカで入手できそうにない日本の野菜や果物は何百種類もある気がする。柑橘系の果物を例に挙げると、アメリカで売っているのは、レモン、ライム、二、三種類のオレンジ、タンジェリン、タンジェリンとオレンジのハイブリッド種である種無しのタンジェロぐらいだ。日本では、レモンやライムのほかにユズ、カボス、スダチ、シークワーサー、そしてさまざまな種類のみかんがある。種類が多すぎて覚えようという気になれないほどだ。たくさんある食材の日本語名を覚えること自体が大変だった。水菜と三つ葉を正しく覚えるのにはだいぶかかった。日本に来るまで、どちらも見たことがなかったからだ。

日本ではじめてサラダをつくったときには驚いた。日本のキュウリは、そのまま食べられると知ったからだ。ポートランドで読んでいた日本料理の本は、一九五〇年代から六〇年代のものが中心だったので「日本のキュウリはとくに苦くて、その苦味を取るために、端を切ってこすらなくてはならない」と書いてあった。それなのに、妻はキュウリをただ切るか、ときどき皮を少し剝くだけで、端をこすってはいない。彼女は私が一所懸命に本のとおりやっているのを見て、「最近のキュウリは、こすらなくてもいいのよ」と笑った。あの料理本が刊行されたあとで、苦くないキュウリの栽培に成功したのだ。東京に住むようになってから、トマトやレタスについても、同じような進化があったことを知った。

しばらくして、昔ながらの日本の家庭料理は、そんなに複雑なものではないことがわかった。それよりも重要なのは、新鮮な食材を使うことだ。食材が新鮮なら、素材そのものの味がいちばんのご馳走であり、西洋料理のようにスパイスを使わなくていい。フランス料理やイタリア料理のような、複雑な調理法はほとんど必要ない。日本料理のつくり方は、私にとって何から何までまったく新しい経験だった。あまりにシンプルなので、ほんとうにほかに何もしなくていいのか信じられないときもあるほどだ。

これまでに日本の料理の技術を、いくつか愉しく覚えてきた。妻が教えてくれたのは、魚の臭みを取るために、調理の少し前に塩を振っておき、ペーパータオルで拭き取ることだ。魚を洗うときは真水ではなく、酒と水を混ぜたものや約三パーセントの食塩水で洗うということも知った。私の育ったアメリカでは塩は味つけのために使うものだったし、塩の使いすぎは、心臓病につながる高血圧などを引き起こし、健康に悪いとされていた。私は健康を害するリスクは冒したくなかったので、皿の上にのった料理に塩を振りかけることはなかった。もっと味をつけたいときは、唐辛子を少しかけていた。

その後、アメリカで使われている塩は、本物の塩というより工場でつくられた塩味がする化学製品だと知った。いま家にある塩は天然のもので、さまざまな産地のさまざまな種類の塩をそれぞれちがう用途に使っている。塩の質感や味にこんなにもバラエティがあることは、新鮮な驚きだ。アメリカの塩は世界のほとんどの国と同じように、湿気を含んでかたまるのを防ぐための化学物質とヨウ素が加えられている。日本人はヨウ素が豊富な海藻を多量に摂っているので、塩などに添加する必要がないのだ。私はこのことを知って以来、健康リスクの原因は塩そのものではなく、アメリカで広く使われているヨウ素を添加した合成の塩にあると考えるようになった。

もうひとつ学んだのは、調理した煮ものをいったん冷まし、再加熱して食卓に出すというテクニックだ。ブリ大根をつくるときに、こうすれば調味料を足さなくても、より味が染みると妻が教えてくれた。

いつしか妻と私の定番メニューが決まってきた。夕食はいつも何かの刺身を少しとサラダ、主菜は焼き魚で、白和えや胡麻よごしなどの副菜が一、二種類と、ごはんに味噌汁、そして漬け物だ。鶏肉料理をつくることもあるし、パスタの日もあるが、あまり頻繁ではない。夏の暑い日には豆腐料理もいいし、寒い季節には鶏や魚の鍋を週に二、三回、おでんは週に一、二回つくる。冷蔵庫にさつま揚げとかまぼこが入っているとうれしい。前菜として食べてもいい。干物やくさやでもいいが。

こんなに米の種類があるなんて

子どものころ、我が家では週に一度は夕食に米を食べていた。ただし、日本の人が想像するようなごはんではない。だいたいは「ライスアロニ」「アンクルベンズライス」「ミニッツライス」といったインスタントの米製品だった。こういうものはたいていバターで炒めてあり、温めるだけで食べられるから、味より便利さを優先する主婦には魅力的だったのだろう。ライスアロニにいたっては、米一〇〇パーセントですらなく、実際は米と砕いたパスタを混ぜ合わせたものだ。炊いた米は中華料理店でしか食べたことがなかった。ひとり暮らしをして自分で料理をするようになってからは、インドのバスマティ米やタイのジャスミン米を炊いたり、ときどきはカリフォルニア産の日本米も食べた。

奈良でマットと暮らしていたとき、私が米を買いにいくときは、いちばん安い米を選んでいた。日本の米ならどれも同じだと思っていたからだ。みな白くて、値段が高い。アメリカの米の五倍以上はする。

ある日、京都の街を歩いていて、偶然、錦市場《にしきいちば》にたどり着いた。それまでに何度か来たことはあったが、このときはじめて米を売る専門の店があるのに気づいた。店に入ると、さまざまな種類の米が並んでいた。漢字はまだ簡単なものがいくつかわかる程度だったので、それぞれの米の名前も産地もわからない。見分けることができるのは値段だけだったが、あまりに幅があってショックだった。店の人に片言の日本語で、初歩的なことをいくつか訊いた。彼の答えは少ししかわからなかったけれど、日本の米の種類がどれだけ豊富か、まさに目を開かされた。

奈良からオレゴンに帰ってからは、カリフォルニア産の日本米だけを買うようになった。戦後「カルローズ」というブランド名で売られるようになったこの米は、近代的な精米機で加工しても割れない米として、一八九〇年代に九州からアメリカに持ち込まれた日本米を改良したものだ。日本で食べた米に劣らない美味しさだと思ったし、値段も日本より安かった。当時は小さな電気炊飯器を持っていて、週に二度くらい、ひとり分だけ炊いた。とても安くて小さな炊飯器だったけれど、奈良から帰ってきてからは、前よりずっと美味しく炊けるようになった。炊く前に米を研ぎ、水に浸けておくことを覚えたからだ。正しい水の分量を知ったのも大きかった。

しかし、東京に住みはじめたとき、まずはごはんの炊き方を一から学び返さなくてはならなかった。なんと妻は電気炊飯器を使っていなかったのだ。日本の家庭なら、一家に一台はかならずあると思っていたのに。彼女はガスコンロに土鍋をかけて炊いていた。鍋料理なら知っていたが、それで米を炊くなんて見たことも聞いたこともなかった。アメリカで小さな炊飯器を買う前、私は金属製の鍋を使って炊いていたが、よく大失敗をした。それに比べて炊飯器は簡単で、加熱しすぎや火が通っていなかったり、水っぽかったり、パサパサになったりという心配をせずにごはんを炊ける。だから炊飯器を使わない人がいるなんて、ほんとうに理由がわからなかった。

しかしやってみるとすぐ、炊飯器よりずっと美味しく炊けることがわかった。土鍋を使うと炊飯器より高温で炊くことができ、米が持つ自然な風味をより豊かに引き出せるし、炊きあがるのも早いのだ。私はすぐにおこげをつくる方法を覚えた。もちろん土鍋で炊くのはすべてが自動の炊飯器とはちがい、放ってはおけない。でもそれは土鍋から蒸気が出はじめるまでのあいだだけ。そのあとはただ美味しく炊きあがるまで待てばいい。いまでは、たいていの人が土鍋でごはんを炊いていないことを残念に思うほどだ。

米を買うとき、私はいつも近所の米屋に行く。地元の商売、それも一〇〇年以上続いている店を応援することができるからだ。しかし、はじめて買いにいったときには、「こんな小さな店で、どうやったらやっていけるのだろう?」と不思議だった。

外国からの旅行者を連れて東京の下町グルメツアーをしているとき、米屋を指すと、みながほぼかならず、かつての私と同じように「信じられない」という顔をする。しかも、五〇メートルと離れていないところに、米屋が二軒あるのだ。

「どうして米屋同士があんなに近くにあるの？」

それに対して、私はこう説明する。

「二軒の店は近くてもちがう町、谷中《やなか》と千駄木《せんだぎ》にあるんだ。戦前まで、日本人はほとんど米食で、カロリーの九〇パーセントを米から摂取していたんだ。そして米は重いから運ぶのは大変だ。だから、それぞれの町に一軒ずつ米屋があったんだよ」

あるいは、こう説明することもある。

「あの店はどちらも、日本の経済や農業の生産力が急激に向上した明治末期に開店している。この時期から、日本人は毎日米を食べられるようになったんだ」

米専門店で米が売られている国は、私が知るかぎり日本だけだ。もちろんスーパーなどでも売られているけれど。

出汁《だし》セミナーと八丁味噌蔵見学

あるとき、妻が私に訊いた。

「今夜、出汁のセミナーがあるんだけど、行く？」

京都から料理研究家が来て、教えてくれるそうだ。私はこれまで、本を参考にしてなんとか出汁を取っていた。もっと日本料理の腕を上げたかったので、「もちろん行きたい」と即答した。

その夜、私は妻と待ち合わせて、日本橋にある会場へ向かった。道に迷って数分歩きまわったので、どうにか調理実習室にたどり着いたときには、もうセミナーははじまっていた。できるだけ静かに入ろうとしたのだが、部屋に集まっているほとんどの女性が振り向いた。実際、問題なのはドアの音よりも私自身だったのだろう。この部屋で唯一の外人であり、唯一の男性だったから。

授業は、先生が何種類かの出汁を引く実演をしていた。昆布だけの出汁、昆布と鰹節の出汁、昆布と煮干しとあとひとつかふたつ何かを使った出汁。その後、私たちは用意されていたちょっとした前菜とともに、その出汁を味見した。端的にいって、四〇〇〇円の受講料を払う価値があった。達人がつくったプレーンな出汁そのものを味わうことができたのだから。何も加えられていない出汁そのものの味がわかったし、いい出汁とはこういう味なのかと知ることができて、愉しいセミナーだった。

私がはじめて覚え、うまくつくれた日本料理は味噌汁だ。ポートランドには、赤味噌と白味噌はあったが、それだけだった。妻の冷蔵庫には、もっといろいろな種類の味噌が入っていた。まず出汁は、水を張った鍋に昆布を入れておき七〇度ぐらいまで温めてから（けっして沸騰させてはいけない）、昆布を取り出し、鰹節を加えるという本格的なやり方で取る。そして加える味噌は、ある日は田舎味噌、別の日は二種類の合わせ味噌というように、毎晩ちがう味噌汁をつくった。妻はいつも私の味噌汁を褒《ほ》めてくれる。たぶんお世辞ではない、と思う。

味噌汁のほかに、味噌を使った料理もつくる。ナスの味噌炒めや、西京味噌と酒粕でつくった味噌床に漬ける魚の味噌漬けなどだ。私はポートランドにいるときから味噌が好きだった。日本に来てさまざまな種類の味噌に出合ってますます好きになったので、いろいろと試して愉しんでいる。

けれど、毎日味噌味の料理だけをつくっているわけにもいかない。レパートリーを広げるために妻の持っている料理本に目を通し、テレビで朝の料理番組などを見るようになった。

大学院で日本の食文化について研究をしていたとき、ウィリアム・シャートレフの『味噌の本』を読んで、八丁味噌の存在を知った。シャートレフは大豆製品研究の大家で、アメリカにおける大豆食品の歴史的研究には、私も協力したことがある。アメリカでは八丁味噌を見たことも、食べたこともなかったので、なんとかして手に入れたかった。そして、ほどなく日本橋三越のデパ地下で見つけた。

八丁味噌は、これまで味わったことのない味噌だった。二度ほど試行錯誤が必要だったが、すぐに美味しい味噌汁をつくれるようになった。具には、木綿豆腐や油揚げ、キノコやイモ類がいいと思う。八丁味噌はほかのタイプの味噌よりも塩分が少ないと書かれていたのを思い出し、アメリカ人にとって重大な問題である塩分の摂りすぎを防ぐために、なるべく頻繁に使うことにした。

二〇〇八年の秋、私たちは妻の親友で名古屋に住むトモコ一家を訪ねた。名古屋に行くのははじめてだったので、ぜひ八丁味噌の工場を訪ねようと思った。『味噌の本』によると、「八丁」というのはこの味噌がつくられている地域の名前らしい。

名古屋駅に到着し、さっそく駅の観光案内所に行ってみると、八丁味噌がつくられているのは名古屋市内ではなく、さらに電車で四五分ほどかかる岡崎であることがわかった。時間的に行けそうになかったので、私はがっかりした。しかし、私のがっかり度は、八丁味噌の味噌蔵を見学したいという外国人を前にした観光案内所の女性のびっくりした表情に比べたら、たいしたことではなかった。八丁味噌の味噌蔵を見にいこうという外国人は、たぶんとても少ないのだろう。

翌年の夏、妻と私は週末に名古屋を旅行した。私の誕生日だったので、名古屋の美味しい料理をたくさん食べたが、ハイライトは名古屋コーチンの専門店としてはたぶん名古屋一の料亭での食事だった。翌日、私たちは八丁味噌の本場、岡崎に向かった。途中、江戸時代から絞り染めで知られる有松に寄って、妻が有松絞りの浴衣を買い、祭りを見た。岡崎に着くとすぐに、八丁味噌の老舗「カクキュー」へ見学にいった。とても興味深かったし、私は味噌をつくるところを見ることと自体がはじめてだった。家で使うための味噌といっしょに八丁味噌ビールを買い、八丁味噌アイスクリームを食べた。

このとき以来、私は味噌にまつわるふたつの大きな発見をした。ひとつは浅草にある約三〇種類もの味噌を売っている創業文化元年（一八〇四）の店「万久《まんきゅう》味噌店」の存在で、ここには八丁味噌もある。もうひとつは、銀座にある小さな店「銀座三河屋」だ。江戸時代の人たちが食べていたのと同じ伝統調味料を売っている店で、黒っぽくて甘い江戸ながらの味噌も売っている。

糠《ぬか》漬けは自分でつくる

日本に住む前から、レストランで漬け物が添えられていれば食べてはいた。漬け物についての資料には、ごはんといっしょに食べるものであり、初期の日本人移民たちはアメリカでも毎食漬け物を食べていたと書いてあった。それまで私にとっての漬け物、つまり野菜を漬けたものは、西欧の大型キュウリでつくったアメリカ式のディル（セリ科のハーブ）の入ったピクルスであり、サンドウィッチなどの昼食の際の付け合わせだった。アメリカのピクルスはみなキュウリでつくられていて、ナスなどほかの野菜のピクルスはない。

日本に来てすぐに、漬け物はごはんにとても合うことに気づいた。佃煮もそうだ。

糠漬けのつくり方は、簡単に覚えられた。蓋《ふた》つきの容器に糠をいっぱいに入れ、塩を加えてよくかき混ぜ、そのなかに野菜を埋《うず》めて一日か二日待つだけでいい。辛子粉を入れて腐るのを防いだり、赤唐辛子なども試してみた。とくに冬のあいだは夏よりごはんを食べる機会が増えるので、私は毎日糠床の世話をし、野菜を漬ける。だから、頻繁に袋入りの糠を買ってこなければならない。糠は、いつも近所の食料品店「わしや」で買っているが、この店の主人と奥さんは、外人が糠を買うなんて最初は信じられないようだった。まずは主人に、続いて奥さんに訊かれた。

「漬け物、食べられるんですか?」

「もちろん」と私は答え、「ごはんといっしょに食べるのが大好きなんです」と付け加えた。

「その漬け物は誰がつくっているんですか?」

「いつも自分でつくっています。時間がかかって複雑な工程が必要なアメリカのピクルスよりずっと簡単ですよ」

いまでは主人も奥さんも私のことをよく知っているので、外人が買うとは思えないようなもの

わしやの店内でひときわ目をひく美味しそうな糠漬け

を買っても、何も訊かれない。けれど店内にいるほかの客は、私が店を出たとたんに、たぶん店の主人に私のことを何か言わずにいられないにちがいない。

私が漬け物を食べていると、よく日本人に驚かれるのだが、どうしてなのかわからない。漬け物を好まない外人もいるのだろうが、私は大好きだし、奈良漬けもべったら漬けも好物だ。うちから数ブロックのところにある掘留町界隈で毎年一〇月に開かれる「べったら市」は大好きな市だ。数年前から、この市でアメリカ人やヨーロッパ人などの外国人の姿をかなり見かけるようになった。彼らはべったら漬けの無料サンプルだけでなく、たくさん出る屋台の食べ物にも惹かれてきたのだろうと思うけれど。そういえば、実際にべったら漬けを買っている外国人は見たことがない。

「外人は漬け物が食べられない」という思い込みは、多くの外国人が梅干しを苦手としているという一般論からきているのではないだろうか。たしかに、私も酸味の強い梅干しはいまでも食べられない。しかし日本に来た当初は、酸っぱくないものさえ、ぜんぜん食べられなかった。だから少しは進歩したのだ。ただし自分からわざわざ食べはしない。店で出されたら食べる程度だ。

私が漬け物などの発酵食品を食べていると、日本人は不思議に思うと知って以来、どうして不思議なのかがずっと不思議だった。だって外国人に大人気の鮨だって酢を使った発酵食品ではないか。鮨飯の酸味はうま味でもある。

これまでに私が少し酸っぱいと思った鮨は、神田小川町の「笹巻《ささまき》けぬきすし」ぐらいだ。創業が元禄一五年（一七〇二）というこの店の鮨は、最近までもっと酸っぱかったし、江戸時代、参勤交代の旅に出る侍が携えていった鮨は、さらに比べものにならないくらい酸っぱかったそうだ。

「有次《ありつぐ》」の名前入り柳刃包丁

京都の錦市場にある高級刃物メーカー「有次」の記事を読んだのは、はじめて日本へ旅行する前に買ったガイドブック『ロンリー・プラネット』だった。当時の私は、日本の包丁については、ただ美しくて、よく切れて、西欧のナイフに比べて高価だということしか知らなかった。それでも鮨に使う刺身包丁は見たことがあったので、数年後、奈良に滞在中に日本の包丁を買おうと決心したとき、まずは刺身用の柳刃包丁にしようと考えた。ほかの種類の包丁は、次回以降だ。

事前に、錦市場の有次に数回行って、店内の包丁をじっくり見ておいた。包丁を買うときは現金で支払わねばならないので、その準備もした。

ついに、その日がやってきた。京都で日本人の友人と落ち合い、ついてきてもらった。そして「これぞ」と決めた柳刃を買い、包丁に名前を刻む段になって途方にくれた。私には漢字で書けるような日本名がない。David は長すぎてスペースにおさまらなさそうだ。ではどうすればいい？　なんと彫ってもらう？　悩んでいたとき、ふいに思いついた。

「最愛」だ。

奈良で、マットとルーマーズへ飲みにいったある晩、ひとりの女性に声を掛けられた。

「こんばんは。私を覚えていますか？」

荷物を抱えて奈良にやってきた日、電車を乗り間違えて焦っていた私に、正しいルートを教えてくれたあの女性だった。

「もちろん覚えています」と私は答えた。彼女が助けてくれなければ、どうなっていたかわからない。そんな恩人を忘れるはずがない。私たちは飲みながら話した。名前を訊かれ、「デヴィッド」と答えると、彼女は「デヴィッドはヘブライ語では beloved という意味ね」と言った。そのことは知っていたが、ずっと忘れていた。彼女は beloved にいちばん近い意味の日本語は「サイアイ」だと教えてくれた。そして、私が新しい言葉を覚えるためにいつも持ち歩いている小さなノートに、漢字で「最愛」と書いてくれた。

有次で包丁に彫ってもらう名前を決めるとき、このときのことを急に思い出した。デヴィッドが本当に beloved という意味のヘブライ語を元にした名前なのかどうかはさだかでない。もっともらしい説明だし、子どものころに一度くらい聞いたかもしれない。しかし彼女が間違っていて、私の名前が本当は beloved という意味ではなかったとしても、電車のなかで私を救ってくれた恩人が、私に日本名を与えてくれたのだ。少なくとも包丁に彫れる名前を。そして、いまもひとつだけ確信していることがある。有次で包丁に「最愛」と彫ってもらった外人は、きっと私しかいないだろう。

日本に住むようになってから、包丁の研ぎ方を覚えた。柳刃はほぼ毎日使っているので、週に一回ほど研いでいる。小さな薄刃包丁もよく使う。大きな出刃包丁は、さほど使い道は多くないが、あればとても重宝する。それに妻がバースデープレゼントにくれた菜切り包丁もある。次に買いたいのは、アジやイワシのような小さな魚を切るための万能包丁で、あとは出刃をもう一本かなと思っている。昔ながらの佇まいをいまも留める人形町の「うぶけや」や日本橋の「木屋」など、東京にも素晴らしい包丁の店がある。ほかの調理道具はどちらの店でも買ったことがあるので、いつか包丁も買いたいと思う。それにしても、日本に来たアメリカの友人や、私の主催するツアーの外人観光客が包丁を買う手伝いをする機会がほとんどないのは残念だ。

日本には、世界中のどんな料理をつくる際にも必要な調理器具がすべてそろっていると思う。ありとあらゆる種類の魚を切るための包丁があるし、あらゆるものに応じた包丁がそれぞれある。料理を盛りつけるための皿も驚くほど種類が豊富だ。ある日、合羽橋《かっぱばし》で買い物をしていたとき、いままで見たこともないような、パンを焼く道具を見つけた。探せば探すほど、新しいものが見つかる。

そのなかでも、これはすごいと思ったものがひとつある。アメリカのシェフたちが、かならずお土産に欲しがる鮫皮おろしだ。ワサビをすりおろすためだけに、わざわざ木の板に鮫の皮を張った道具が存在するなんて。けれど日本料理は、この道具がなかったらちがうものになっていただろう。

はじめて鮫皮おろしを見たのは、妻の東日本橋のマンションのキッチンの引き出しだった。「これは何?」と訊くと、「生のワサビを一本買ってくればわかるわよ」と言った。これまで、ワサビをショウガと同じ金属のおろし金でおろしているのは、何度も見たことがあった。けれどおろし金と鮫の皮は、私にとってぜんぜんちがう。鮫皮おろしはワサビをおろすのにしか適していない。とても特別なものなのだ。シンプルで極めてかっこいい調理道具だと思う。

よし、小さな本ワサビを買って、正月用の刺身を食べるときに使おうと決めた。そして、おろしたてのワサビの味に私は驚嘆した。とてもきめ細かく舌になめらかで、かすかな粘りけがあり、微妙な風味に富んでいる。チューブ入りのワサビのようなヒリヒリ、ツンとする辛さがまったくなかった。

調理道具だけではなく、その使い方もいろいろ学んだ。アメリカでは皮を剝いたり、刻んだり、みじん切りにしたりする際、すべて同じナイフを使う。魚をおろすための特別なナイフもあるが、漁師以外には使う人はいない。一方で、ある日本の包丁の本には、さまざまな包丁を使った二〇種類の切り方が載っていた。恐るべき数だ。

アメリカと日本の刃物の使い方で決定的にちがうのは、切る方向だ。私は多くのアメリカ人と同じように、ナイフの刃が外側を向くように持って切るよう習ったが、日本では皮をむくときのように自分に刃を向ける切り方もある。とにかく多彩なのだ。アメリカ人の多くはナイフで怪我をするのを恐れているにもかかわらず、私の家族もそうだったように、ナイフを研がず、刃をなまらせたまま使っている。よく切れるナイフは危ないと誤解しているのだ。

未体験だった和菓子の世界

ポートランドで高級木材を日本へ輸出する会社に勤めていたとき、月に二、三回は、日本人が仕事の実情を視察しにやってきた。彼らはポートランド滞在を愉しんでいて、なかでも定期的に訪れる人たちとは親しくなった。

あるとき、そんなお客さんのひとりが、箱に入った日本の菓子をお土産にくれた。菓子の名前を言いながら手渡してくれたのだが、ちゃんと聞き取れなかった。それまで、日本の菓子を食べたことも見たこともなかった私は、箱の中身がまったく想像できなかった。菓子というからには甘いものだろう。チョコレートのようなものかもしれない。夜、家に帰ってから箱を開けて、食べてみることにした。日本人にとって、包装やパッケージがとても大事だということは知っていた。材木を輸送するときの包装もそうだ。だからこの箱の入念な包装を見てもそんなに驚きはしなかった。ただ、自分への贈り物の箱がこんなにきれいに、リボンまでかけてあるのがうれしかった。だから、誕生日やクリスマスのプレゼントを開けるときのように包装紙をバリバリ破いたりせず、丁寧に開けた。

箱の蓋を開け、上にかかっている紙をのけると、中身が見えた。長さ一二センチ、幅六センチ、高さ三センチぐらいの物体だ。

「クルミ入りのチョコレートファッジかもしれない」

私の直感はそう言った。茶色っぽい色も、大きさも形もファッジのようだ。ただ、見た目がなんだか少しちがう。外側の質感が独特なのだ。ファッジより光沢があって、透明感もある。まるで光に透かしたら、むこうが見えそうな感じだ。

「そうか。これはきっとファッジの日本版みたいなものだな。どっちにしてもファッジであることに変わりはない」

私はナイフを取り上げると、ひと口分切った。そして、大きな驚きが私を待っていた。

そのひと切れを口に入れたとき、私はむせそうになった。これはファッジじゃない。私が食べたことのあるどんなものでもなかった。そして甘くもなかった。少なくとも私が考えていた甘さじゃない。甘いというのはもっと砂糖を感じる味のことだ。それに食感にも馴染みがなかった。ひんやりとしていてなめらかだが、アイスクリームのようには溶けない。この、あまりに奇妙で馴染みがなさすぎるものを、こんな事実は告白したくはないのだが、思わず吐き出してしまった。

長い年月が経ったいまは、あのときのお土産の正体を承知している。栗羊羹《くりようかん》だ。もちろん、もう吐き出したりはしない。むしろ大好きで、自分で買うこともある。私にとって日本の多くの食べ物がそうだったように、まずは自分の味覚を慣らさないと正しく味わえなかったのだ。羊羹だけでなく、ほかの和菓子もそうだ。欧米の菓子は日本のものよりずっと甘い。おそらく、昔から食生活において糖分が非常に重要だったからだろう。日本でつくられている欧米スタイルのケーキでさえ、アメリカのものに比べたらぜんぜん甘くない。私はそれほど甘い物好きではないし、コーラなどの炭酸飲料はまったく飲まないので、和菓子も含む日本の菓子に慣れるのは簡単だった。はじめて食べたときはあまり好きではなかったあんこにも、いまではすっかり慣れた。

和菓子を美味しいと思えるようになったのは、妻が長年茶道を習っているおかげもある。かちかちでパサパサに乾いている落雁《らくがん》などの干菓子のかけらも、苦い抹茶をそのあと飲むと、ずっと甘く感じられることを知った。味のコントラストがはっきりしていると、実際にはあまり甘くないものも甘く感じるのだ。

人形町に住んでいると、美味しい和菓子を味わうチャンスが多い。

人形焼き発祥の地といわれ、当然、美味しい人形焼きを売っている。なかでも「板倉屋」の焼きたてフワフワの人形焼きは大好物だ。いつも長い行列のできる鯛焼き屋「柳屋」もある。それに大好きな餅菓子の店「縫月堂《ぬいげつどう》」もある。とくに桜餅のシーズンにこの店の前を通るのは、自制心の訓練のようだ。我慢できないと間違いなく太ってしまう。妻が好きなあんみつの店「初音《はつね》」の歴史は、江戸時代にまでさかのぼる。さらに古い「玉英堂《ぎょくえいどう》」のとらやき（どらやきではなく）、「彦九郎」のわらび餅など、挙げたらきりがない。

あるとき、江戸政で常連客のひとりと会った。年齢は私と同じくらいで、近所の日本橋馬喰《ばくろ》町《ちょう》にある和菓子屋「亀屋大和《かめややまと》」の九代目当主だ。彼の店は江戸時代には江戸城に和菓子をおさめていたのだが、当時を知る古い記録はすべて火事で燃えてしまったそうだ。このあたりでは、震災や戦災で店ごとすべて失ったという江戸時代からの老舗の話をよく聞く。

二月のある金曜日の夜、私はまた江戸政でこの和菓子屋の店主と会った。彼が店の場所を教えてくれたので、翌朝、行ってみることにした。

店では、奥さんとふたりで、翌週に控えた雛祭りの雛あられをつくっていた。つくり方はシンプルだが、工程がたくさんあるのでとても手がかかる。そのすべてを、彼は先代からの伝承をもとに行っていた。焦がさないように溶かした砂糖をピンクに色づけする。もう一度別の砂糖を溶かし、今度は緑に色づけする。どちらも飴がまだ熱いうちに、その上に白いあられをのせて混ぜ、小さい粒までちゃんと色がつくようにする。

昔ながらの店の雰囲気がなんとも味わい深い板倉屋

彼はなんでもないことのようにやっていたが、見かけほど簡単でないことはよくわかった。

私はその様子を見ながら、一九二〇年から三〇年代のポートランドの和菓子屋について考えていた。当時の新聞「央州日報」には、季節ごとにさまざまな和菓子の広告が載っていた。ポートランドの日本街界隈には、少なくとも三軒の和菓子屋があり、桜餅、鏡餅、そしていま目の前でつくられている雛あられも店に並んでいた。ポートランドにもあった「風月堂」は、店主が日本で二年間修業した後、オレゴンに戻って店をはじめたという。

和菓子の製造方法についてはまったく知らなかったので、この日、その一部始終を目の前で見ることができたのは、ほんとうに得がたい経験だった。

チョコレートをめぐるツアー

私は和菓子通とはいえないが、日本にいる外国人のなかでは詳しいほうだと思う。だからだろう、あるとき日本の菓子店をめぐるツアーを企画してほしいというオファーが舞い込んだ。依頼主はアイルランドの女性ふたりで、アイルランド一のチョコレートメーカーで働いているという。自分たちのブランドのチョコレートづくりに取り入れるヒントを探すため、日本のチョコレートとそのパッケージを見たいのだという。私は東京でどんなチョコレートが手に入るのかは、それほど詳しくなかった。デパートの食品売場や、毎年バレンタインデー前に催事場で開かれるチョコレートフェアで見かけるものぐらいしか知らない。けれどツアーまでにまだ一か月あるので、準備はできる。私は快諾した。

まずは日本のチョコレートに関する本を探した。できればガイドブックのようなものがいい。日本にはありとあらゆる飲み物や食べ物に関するガイドブックがあるから、チョコレートのものだってあるだろう。日本橋の「丸善」に行くと、すぐに目当てのものが見つかった。五、六冊あるガイドブックのうちから選ぶのは少し苦労したが、数分後ある一冊に決めた。家に帰ると、主に「日本のチョコ」、つまり抹茶とか柚子のような日本特有の食材を使ったチョコレートをつくっている店をチェックした。アイルランドの女性たちが、ヨーロッパのチョコレートメーカーの東京支店に行きたがるとは思えなかったからだ。それに、すべてを一日で回らなければならない。見る価値がありそうな場所のリストをつくると、自転車に飛び乗って下見にいった。季節は春。よく晴れた土曜日の午後だったので、東京でも普段は行かない地域をサイクリングするには最適だった。

ツアー当日の朝、私は池袋のホテルでふたりと待ち合わせた。その日は結局、チョコレート店一五軒とデパート数軒を回った。ふたりはかなりたくさんのチョコレートを買い、おびただしい数の写真を撮り、メモも取った。彼女たちがとくに注目していたのは、包装やパッケージだ。日本の包装に感動する外国人は多い。結局ふたりがいちばん気に入り、二時間近い時間を過ごしたのは、チョコレート専門店ではなく、なんと伝統的な和菓子店だった。

そもそもチョコレートはヨーロッパ発祥の食べ物だし、ふたりによると、柚子や抹茶はすでにヨーロッパでもよく使われているそうだ。そこで、日本らしい商品のデザインやパッケージをほんとうに理解してもらうには、和菓子を見せるべきだと思った私は、最後に、ふたりを赤坂の「虎屋」に連れていくことにした。

虎屋には以前行ったことがあったので、和菓子博物館と和菓子に関する本を集めた小さな図書館が併設されているのを知っていた（本社社屋建て替えのため二〇一八年まで休業中）。ここを発見したのは、偶然だった。近くに来たときにふらりと入って、ちょっと買い物をしてみたのだ。買ったのはたしか羊羹だったと思う。

予想どおり、ふたりはとても気に入ってくれた。チョコレートのことなら、つくり方から、マーケティングから、売り方までなんでも知っているだろうが、ここには、いままで彼女たちが見たことのない、まったく未知なものがあった。

早朝のツアー開始から長い時間が経って、ふたりはだいぶ疲れていたにもかかわらず、虎屋に行ったおかげで「日本の和菓子をもっと見たいし、和菓子のことをもっと知りたいです」と言った。残念ながら、そろそろふたりをホテルまで送る時間だった。

彼女たちが日本でのチョコレートツアーの経験を、その後どう活かせたのかはわからない。でも、いつかアイルランドに行ったとき、東京での時間が役に立った証を何か見つけることができればとてもうれしく思う。

花見――奈良、ポートランド、多摩川、上野公園

はじめて花見に参加したのは、奈良に滞在していたときだ。友人のミカとケイスケに誘われて、近鉄奈良駅前のお坊さん（行基《ぎょうき》）の像の前で待ち合わせをした。さらにふたりが加わって、奈良公園に向かった。途中でビールやスナックを買ったが、なんということはない、金曜日の午後のピクニックのための買い物だ。フリスビーをしたり、サッカーボールを蹴って遊んだり、ビールを飲んだりして、桜の花咲く美しい春の日の二時間を愉しんだ。

帰る支度をしているときに、近くで六〇歳過ぎの男女二〇人くらいのグループが、草の上にベニヤ板を敷いたり、ライトを設置しているのに気がついた。女性たちは箱や袋からいろいろな料理を取り出し、クロスを掛けた仮設のテーブルの上に並べている。私はミカに訊いた。

「これから何が起こるのかな？」

「お花見よ。この人たちはお花見の愉しみ方をよく知っているわね」

そう言ってミカは近づいていくと、そのなかのひとりに話しかけた。

しばらくして、ミカが手招きした。とくに予定もなかったので、少しためらいながらも参加することにした。あたりは暗くなってきて、ライトがつけられた。電源は延長コードで近くの家から引いているようだ。ミカが主催者らしき男性に紹介してくれた。ほかの人たちも私たちにビールや日本酒を注いでくれ、ありとあらゆる美味しい料理をすすめられた。刺身があり、七輪で焼いた焼き鳥とサザエがあり、おにぎりもあった。みんなで食べて、飲み、語り合った。そのすべてがライトアップされた桜の下で行われた。ときどきタヌキが通りかかって、誰かが近づくまで、ゆっくり周囲を歩きまわっていた。

この奈良での初体験以来、私はその後何度も花見をしている。ポートランドでも数回した。ポートランドでは、ほとんどの公園で酒を飲むことが禁じられているので、繁華街を流れるウィラメット川沿いの公園にいくら日本の桜がたくさん植えられていても、そこで花見酒というわけにはいかない。幸い、私の自宅が面している通りには、一〇〇年近く前に、誰かがピンク色の花をつける桜の木を植えていた。木々は通りの反対側の木に触れ合うぐらいに枝を伸ばしているので、毎年、二週間は美しいピンク色の花のトンネルを堪能することができる。残念なことにポートランドでは、桜のシーズンは激しい雨の季節でもあるので、花は一気に落ちて、地面にピンク色の雪のようになって積もる。私はこのために雪かき用のシャベルを持っていた。

東京に住みはじめてからは毎年、妻の先輩たちと多摩川で花見をしている。年配の方たちのグループなので、大騒ぎになることはない。妻と私はいつも人形町の「鳥忠《とりただ》」で焼き鳥を買い、桜色のロゼワインを持っていく。このワインはオレゴン産で、帰省したときに買っておいたものだ。ある女性は毎年、切り口が桜の絵柄になっている千葉名物の太巻き寿司を持ってきてくれる。ここからは富士山もきれいに見え、とてもくつろいで愉しめ、すごくいい。

ある年、ふと思いたって、桜が満開の週末の土曜日に、自転車で上野公園に行ってみた。混んでいるどころではなく、文字どおり立錐の余地もないほどだった。数日後のテレビのニュースによると、この日の上野公園は推定八〇万人の人出だったという。それは本当だと思う。このニュースでいちばん興味深かったのは、こんなにたくさんの人がいたのに、当夜トラブルはほとんど起こらず、あっても、なくし物や忘れ物、それに眠ってしまって警官に起こされた人がいた程度だったということだ。誰かが連れ帰るのを忘れた迷子の犬も一匹いたそうだ。ほかの国で、大勢の人たちが公園で一日中酒を飲んだら、間違いなくけんかが多発するし、暴動が起きても不思議ではない。

五年ほど前、ポートランド州立大学の同窓会を日本にもつくってはどうだろうかと思いたった。アメリカの多くの大学は同窓会の日本支部を持っている。私は日本在住のポートランド州立大学出身者を何人か知っていたので、早速連絡を取って準備を進めた。大学も協力的だった。

最初のイベントの開催は三月の終わりとなり、よし、上野公園で花見をしようと決めた。混みそうな土曜日を避け日曜日と定め、それまでに桜が咲いているようにと祈った。
花見の前日、私は買い出しにいった。割り箸、紙皿、プラスチック製のコップ、お手拭きなど
だ。ビール二ダース、一升瓶の日本酒を一本、小袋入りの「柿の種」や焼き鳥など食べやすいお
つまみもたくさん買った。花見の必需品である大きな青いビニールシートも、二枚用意した。
当日、開始予定時刻である正午の二時間前に自転車で上野公園に行き、シートを敷く場所を探
した。公園は混んでいたが、前日ほどではなかった。みなが座れて、見つけやすい、広い場所を
しばらく探していると、この日いちばんきれいに咲いていた桜の木の下に、一〇人ほどの人が
立って、写真を撮っているのを見かけた。そして彼らが花見の準備を何もしていないことにも気
づいた。クーラーボックスも、青いシートもない。カメラだけだ。私はそっと近寄ると、荷物を
置いた。彼らは中国語を話していた。この人たちは、すぐに立ち去るだろう。はたしてそのとお
りとなり、私はすばやくシートを敷き、持ってきた本を開いて、仲間が来るのをゆっくり待った。
この日は二五人ぐらいが集まってくれた。第一回の同窓会イベントにしては上出来だと思う。
残念ながらとても寒くて、みなあまり長居はできなかったのは予想外だった。ビールや酒を飲む
かわりに、入れ代わり「スターバックス」までホットコーヒーを買いにいっていた。

力士の友人と江戸政へ

相撲の存在は、オレゴンにいたころから知っていたが、その実態はよくわかっていなかった。一九八〇年代には、ハワイ出身の巨漢力士、小錦の記事を読んだし、とても小柄な日本人の奥さんと並んでいる写真を見たのも覚えている。その後、一九九〇年代に曙《あけぼの》が横綱に就任したという記事を読んだが、横綱が何なのかもよく知らなかった。

相撲は、ポートランドの自宅近くにあった鮨レストランのテレビで、いつの録画かわからないビデオが流れていた。音は消されていたが、当時は実況や解説を聞いてもわからなかったので、音があっても理解の助けにはならなかっただろう。ルールもわからず、相撲は日本のもので、力士の身体がものすごく大きいというくらいの知識しかなくても、私は相撲を観るのが好きだった。自分にとってまったく目新しいものだったからだ。

東京で暮らすようになると、つねに相撲観戦は「やりたいことリスト」の上位にあった。最初に観にいったのが何場所だったかは忘れたが、二度目は二〇一〇年初場所の初日だったのをよく覚えている。天皇陛下と皇后陛下美智子様の近くの席に座ったからだ。妻が美智子様の着物の柄を見分けられるぐらいの距離だった。ちょうどそのころ、近所に荒汐部屋《あらしおべや》という相撲部屋があることを発見した。稽古場は一階にあり、通りに面して大きな窓があるので、外から稽古の様子がよく見える。早朝、時間があるときには立ち寄って、力士とおしゃべりをするようになった。東京場所（一月、五月、九月）があるときは、早い時間に隅田川を渡って国技館まで行き、知り合いの力士を応援していた。

相撲について知るほどに、ちゃんこ鍋のこともわかってきた。ちゃんこ鍋の店にも数軒行き、大人数で鍋を囲んだが、私はこういう食事はどちらかというと店でなく、アットホームな家で食べたいと思った。だから、思いがけず伊勢ケ濱部屋《いせがはまべや》のちゃんこに招かれたときには、喜びいさんで出かけていった。歌舞伎を通して知り合ったコイデさんが、一月の初場所の最中に、私を招いてくれたのだ。コイデさんは伊勢ケ濱部屋の後援者《タニマチ》なので、ときどき力士にご馳走しているそうだ。

その日、テレビで取り組みを観たあと、伊勢ケ濱部屋に向かった。伊勢ケ濱部屋は錦糸町の近くの、外からはあまり目立たないビルの中にある。コイデさんを見つけ、いっしょに食事をする部屋に向かった。その夜は三〇人ぐらいの客が来ていて、幅一メートル、長さが一〇メートルもあろうかという板を囲むように並べられた座布団に座っていた。私の座布団はいちばん下座で、親方が反対端の上座に座っていた。

板の上は山盛りの料理で埋め尽くされていた。主なメニューは鶏の唐揚げ、サラダ、焼き鯖、それにちゃんこ鍋だった。イナゴのフライなど、珍しい料理も並んでいた。もちろんごはんもたっぷりあった。若手や下位の力士がつねにみなのグラスがビールで満たされているように注ぎまわり、気を配っている。ちゃんこも彼らが取り分けてくれた。大きな鍋は板の反対端、親方の前にあり、鶏肉とネギとラーメンらしき麺が入っていた。

しばらくして、私はそろそろ第六三代横綱である親方、元旭富士関に挨拶をするべきだと思った。彼の隣にひとつ空いている座布団があったので、私はそこに座り、緊張しながら招待してもらったお礼を言い、名刺を交換した。受け取った親方の名刺を見ていると、部屋中が突然シンと静まり返った。ドアに背を向けて座っていた私は、当時大関だった、現在の横綱日馬富士《はるまふじ》関が入ってきたのに気がつかなかったのだ。なんと、私が座っている座布団は彼の席だった。慌てて立ち上がり謝罪した。私がかなり狼狽していたのは、みなに伝わったと思う。

その後、日馬富士関が部屋を出ていくときに、私はいっしょに写真を撮ってもらえないかとお願いした。この日の取り組みで彼は負けていたし、自分の座布団を横取りしていた相手だというのに、快くオーケーしてくれた。巨大な鍋の前に座っている彼の写真も撮らせてもらった。オレゴンにいる妹のアンにメールでその写真を送ると、アンは「この巨大な鍋の料理は、全部彼の分なの?」とすぐに返信してきた。

稽古を見にいくようになり友だちになった荒汐部屋の三段目の力士は、部屋の料理番をしていた。彼とは稽古のあとで話をしたり、近所で偶然出くわしたりもした。ある日、お気に入りの江戸政に彼を招待しようと誘うと、彼は快く「行く」と言ってくれた。

私たちは自転車で、東日本橋の江戸政に向かった。昔から相撲に縁のある店だから、いっしょに行くにはぴったりだ。それに、力士である友人がどんなに飲み食いしても、ここなら勘定がびっくりするほど高額にはならないこともわかっている。それでも、相撲取りがどれだけたくさんの量を飲んだり、食べたりするかを知っているので、二万円ぐらいは用意していった。けれどその心配は、飲み物を注文するときに消えた。

「ビールも日本酒もお腹を壊すから飲めなくて。自分は梅酒が好きなんです」

彼はそう言った。梅酒はメニューになかったので、ウーロン茶を頼んだ。

まずは焼き鳥のセットと、店のおすすめの「生」を注文し、あとは追加で数種類を食べた。支払いは合計で四〇〇〇円ぐらいにしかならなかった。ふたりがお腹いっぱいになったのだから、良心的な値段だ。しかも、そのうちのひとりは力士なのだ。

祭りで味わう喜び

下町に住んでいると、祭りはほんとうに愉しみだ。人形町の住民は神田明神の氏子なので、一年おきに五月になると行われる神田祭に参加する。地元町内会の青年部のメンバーでもある私は、渡御《とぎょ》では神輿《みこし》の横や後ろについて歩き、神輿が通りの真ん中から逸れたり、駐車中の車などに近づきすぎないように気を配る役目がある。青年部に入った経緯は正確には覚えていないが、たしか盆踊りのあとの掃除を手伝っていたときのことだ。「二週間後、一万五〇〇〇円を持って町会事務所に来るように」と言われたのでそのとおりにすると、旧町名が背中に染め抜かれた緑色の半纏《はんてん》を渡された。これで、祭のたびに自分のサイズに合った半纏を見つける心配がなくなった。

青年部に入って以来、町内の行事のほぼすべてに参加しているので、近所の人たち、とくに歳の近い人たちと知り合えるいい機会にもなった。いちばんよかったのは、祭りのあと、町会の打ち上げに参加できることだ。会合はいつも人形町の名店で行われるのに、会費は二〇〇〇円だ。この安さには、いつも驚く。それに、祭りのあいだはいろいろ役目があるので、神輿をずっと担がないことに罪悪感を持たないですむ。私はほとんどの日本人より背が高いから、肩の位置がみなの頭より上に来る。つまりひとりだけものすごく重い思いをするか、神輿を担いでいるあいだは腰をかがめて歩かねばならないので、脚がとてもつらい。だから、しばらく担いだら、抜けて休憩をとることにしているのだ。

浅草の三社祭《さんじゃまつり》にも参加させてもらっている。「駒形どぜう」の大旦那ワタナベさんのご厚意で、駒形町会の神輿を担ぐのだ。もっと小規模な祭りも楽しい。盆踊りのときは、おろしたての浴衣を着て、通りや公園で飲んだり食べたり踊ったりする。地元神社の祭りでは、神輿を担ぐじゅう

神田祭で神輿をかつぐ

浅草・三社祭で駒形どぜうの六代目と

ぶんな人数を確保できない町もあり、町内の新年会で会う祭りを愛する男たち一〇人は、機会さえあればあちこちの祭りに出かけて担ぎ手になる。彼らとはじめて遠征したのは、佃島《つくだじま》の小さな神社だった。

ある八月、深川の富岡八幡宮の水掛け祭でびしょ濡れになって帰ると、妻から「お祭り男」と呼ばれてしまった。褒《ほ》められていないのはわかったが、「水もしたたる色男」という意味も込められていると信じたい。

アメリカにも日本のような祭りがあるのかとよく訊かれるたびに、私は「ノー」と答える。たとえば神田祭や三社祭のような祭りはない。近いものといえば、日本人コミュニティの正月のお祝いとか餅つきパーティぐらいしか思い浮かばない。アメリカの伝統的な行事でいちばん有名なのは七月四日の独立記念日だろう。この日は外でバーベキューをし、野球観戦や花火を愉しんで過ごす。

地元ポートランドにも祭りはある。毎年六月のはじめに行われるローズフェスティバルだ。バラの街ポートランドを祝う祭りで、パレード、自動車レースとドラゴンボートレース、バラの品評会、そしてバラの女王コンテストも行われる。アメリカでもトップクラスの規模の祭りだが、実際に参加する人の数はかなり少ない。観るだけの人が多いのだ。

日本の祭りは基本的に、近隣の人々が地元の氏神様をたたえて行う。参加者は通常、神社の近くに住んでいる住民たちで、近所の人との交流のためだけでなく、神様が地元のコミュニティに幸運や繁栄をもたらしてくれるという信仰心から参加している。

祭りとは何かを考えているうちに、アメリカにも強いていえば近いものがあることに気づいた。アメリカンフットボールだ。みんなが集まって食べたり飲んだりすること、おそろいの服装、信仰、応援と叫び声、同じ土地に属することの重要性などなど、私が祭りの要素として挙げた事柄の多くはアメフトに通じるところがある。とくに南東部では、アメフトは宗教に近いものだといわれている。

金曜日に高校の試合、土曜日に大学の試合、日曜日にプロの試合が行われるというスケジュールも、日本の祭りに似ているといえなくもない。

祭りに参加するたびに、もっと祭りを好きになっていく。神輿を担いだ翌日は疲れ果て、腰と肩と膝がものすごく痛くなるけれど。最近ある祭りで、「出る杭は打たれる」という諺《ことわざ》を思い出した。神輿を担ぐなかでいちばん背が高いと、文字どおりそんな感じになる。このまま担ぎつづけていたら、背が低くなるかもしれない。

人形町に住んで一〇年近くが経ち、神田祭にも四回参加したので、祭りとは何かがわかってきたように思う。最初の二回はどうしても神輿を担ぎたくて、担がせてもらえたことに感謝していた。いまでは、神輿を担がせてもらえるのはある種の名誉であることも知っている。

最初のころは、祭りがスムーズに行われるよう、運営の責任者から神輿を担ぐ人まで、多くの人々が関わっていることも知らなかった。一見、祭りは混沌としているようだった。人々が熱狂して叫び、汗が飛び散り、とてもコントロールはできなさそうに見えたが、しっかりとした運営がなされているのだ。

神田祭の愉しみのひとつに、最終日である日曜午後の食べ歩きがある。

日曜日の午前中までは神輿を担ぐばかりでなく、神輿が決まったルートを通り、しかもいくつかのポイントを決まった時間に通過するように導く仕事がある。けれど午後には時間ができる。神輿は午後も町中を練り歩かねばならないが、コースが短いし、町内の店々の前で休憩が挟まれるのだ。

人形町今半はいつも唐揚げとコロッケを提供してくれるし、「志乃多寿司」はいなり寿司とかんぴょう巻きを食べさせてくれる。板倉屋は人形焼きと豆煎餅だ。そして祭りのあとは、人形町今半や日山が提供してくれる弁当を食べる。どれもみんな美味しい。

もちろんビールや日本酒もあるし、冷たい水やお茶もたっぷり用意されている。季節柄、暑い日にはとくにありがたい。

神田祭で担ぐ神輿の前で。半纏姿も年々板についてきた

浅草、大好き！

はじめて日本に来たときに連れていってもらって以来、私は浅草が大好きだ。第二の日本のふるさとのように思っている。私にとって浅草は終わりのない祭り、カーニバルの舞台のようなものだ。一年中特別な縁日や祭りのような催しがいろいろ行われている世界でもメジャーな観光地であり、日本人であれ外国人であれ、観光客が求めるすべてを提供できる場所だと思う。

自分用の自転車を買ってからというもの、週三回は浅草に出かけた。当時はまだ修士論文を書いていたから、遊んでいる時間はなかったのだが、天気がよくて、気分転換をしたい日にはときどき向かった。週末の浅草は平日より混んでいて、私にはとても面白かった。オレゴンから誰かがやってくると、観光客らしい経験をしてもらうために浅草に連れていき、たくさんある小さな居酒屋のどこかでちょっと飲み食いをした。まだ浅草に知り合いはいなかったけれど、愉しかった。

自宅の書斎には、東京の古いガイドブックが数冊ある。なかでも、一九六〇年代から七〇年代に刊行された古い本が好きだ。出版当時から何が変わり、何が変わらないかを知ることができる。一九六〇年代には人形町も浅草も華やかだったが、その後さびれてしまったという記述を読んだときは、違和感を抱いた。私が知っている浅草も人形町も、こと食べ物に関しては魅力ある活気に満ちた場所だからだ。新宿に住んでいる日本人の友だちと浅草で昼食をとったとき、彼女は二〇年ぶりに来た浅草がすっかり変わったことに驚いていた。「あんなに荒れて寂しい感じだったのに」と、古いガイドブックに書かれていたのと同じことを言っていた。

「ジャパンタイムズ」紙で、東京在住アメリカ人のパトリックが、東京の観光スポットをめぐるウォーキングツアーのガイドをポッドキャストで流すビジネスをはじめるという記事を読んだ。私はパトリックに連絡を取り、グルメツアーも入れるべきだと伝えた。パトリックが同意してくれたので、本格的に浅草の食について研究しはじめた。二週間ほぼ毎日通って、大通りも脇道も全部歩いてみた。仲見世通りはとくに詳しく見た。さらに合羽橋通りに行って、片っ端から店に入ってみた。

ある日の調査では、日本人の友人ケイコに通訳のためいっしょに来てもらった。フグについてもっと調べたかったのだが、人に話を聞くには助けが必要だと思ったのだ。「花やしき」の近くの裏道を通って、フグ料理の店に向かった。

店内に入ると、正面の小さな部屋に神輿が置かれていた。それを見て、ここではいい情報が聞けると確信した。そして、私の読みは当たった。店の主人はあるフグ調理の流派の家元だったのだ。茶道などに家元がいるのは知っていたが、フグなどの調理法にも同じような制度があることをこのときはじめて知った。

店主の息子に三〇分ほど話を聞いて、ケイコと私は歩いて浅草駅に戻った。途中、浅草寺伝法院の庭園に入る門が開いていたので入ってみることにした。すると、二〇代半ばぐらいの外国人の男女が日本人の女性係員に何かを訊いていて、係員は質問がよくわからず慌てているようだった。ケイコと私は近寄って、手伝えることはないかと声をかけた。男女はイタリア人で、「吉原にはどうやっていけばいいか」と訊いていた。私はふたりに、旧吉原の場所と道順を教え、「一五分以上は歩くけど、たぶん迷子にはならないと思いますよ」と説明した。このイタリア人カップルと同じように、好奇心から吉原地域を何度か自転車で通ってみたことがあるので詳しく知っていたのだ。

イタリア人カップルが旧吉原（私は個人的に「新吉原」と呼んでいる。なぜなら元祖吉原は私の住む人形町の真ん中にあったからだ）へ向かったあと、私たちは係員の女性と話した。彼女の名前はミチコ。仕事柄、たくさんの外人にいろいろなことを訊かれるという。

「私の英語力では答えるのが難しくて」

「英会話なら教えられますよ」

私はそう申し出て、次の火曜日から彼女の仕事後にレッスンをすることになった。私は私で、浅草の地元の人ならではの情報を教えてもらえるのではないかと期待がふくらんだ。

ミチコとはそれから三年近くいっしょに勉強をした。レッスンは週一回だけだったが、彼女はとても上達し、英語で楽に話せるようになった。お互いに仕事のスケジュールが変わってレッスンはやめたけれど、いまでも浅草へ行くと、ミチコに挨拶に行く。それに最初に期待したとおり、ミチコには浅草についてたくさんのことを教えてもらった。

私はすぐにポッドキャスト用の浅草ウォーキングツアーの原稿を書き上げて、スタジオでレコーディングをした。自分ではいいアイデアだと思ったのだが、完成したポッドキャストはそれほど売れず、すぐに配信終了となった。けれど、費やした時間は無駄ではなかった。このあとすぐにパトリックのところで、実際のウォーキングツアーをはじめたし、別のツアー会社からも声がかかって、外国人観光客向けのウォーキングツアーやグルメツアーを担当するようになったからだ。日本食について本格的に学びたいというプロの料理関係者を案内することもあるし、食事を愉しみたいけれど町についての知識や言葉の問題で、手助けがほしいという食通を案内することもある。おかげで、日本食に対する外国人旅行者の反応を観察する機会が大いに増えた。

浅草の旦那さんと仲見世の食べ歩き問題

二〇一一年の春、妻から「日本語の本を英訳する仕事に興味はある?」と訊かれた。興味はあるけれど、仕事として引き受ける前にもう少し内容を詳しく知りたいと私は答えた。彼女の知り合いの編集者が、浅草の老舗の本をつくっていて、日本語の文章や写真とともに、一部英訳も添えたいそうなのだ。

翻訳するのは、江戸末期創業の江戸趣味小玩具を扱う小さな店「助六」の本だ。雷門から仲見世をずっと歩いた先、つまり浅草寺にいちばん近いところにあり、幸運をもたらす小さな縁起物をたくさん扱っている。すべては紙や木や布や土といった天然素材を使った、職人の手づくりだ。私の仕事は、五代目の店主キムラさんから聞き書きした文章のうち、読者が英語でも読めたらいいだろうという部分を訳すことだった。解読しなければならないはじめて見る漢字も散見したが、日本の伝統文化に関する知識は多少あったので、ほぼ自力でできると思った。

結局、無事締め切りまでに翻訳を終えることができた。キムラさんにも二度ほど会って、本に出てくる玩具が実際にどう動くかを教えてもらった。

『江戸の縁起物』（小社刊）が出版されると、私の訳文について、いくつか褒《ほ》められる機会もあった。翻訳の仕事ははじめてだったし、二か所ほど自信がないところもあったので、とてもうれしかった。

二年後に、もう一冊助六の『江戸暦 江戸暮らし』（同前）を出すことになった。今回はさまざまな小玩具をアレンジしながら、伝統的な太陰暦に沿って、江戸期の暮らしを語るものだ。二冊目の仕事も無事に終えて、私はキムラさんが日本の伝統文化、なかでも浅草の文化についてどれだけ詳しいかがよくわかった。彼は素晴らしい友人であり、先生であり、彼なしでは知りえなかったようなことを教えてくれるかけがえのない人だ。

その後も、キムラさんとは月に一度ぐらい浅草で昼食を共にしている。行く店はいつも彼に決めてもらう。彼はまず「今日はどんなものが食べたい？」と訊いてくれる。浅草寺のまわりの賑わいからずっと離れた裏道にある店に連れていってもらったときに、「この店には、前にも来たことがあります」と言って、キムラさんを驚かせたこともある。けれどほとんどの場合、一〇〇回以上前を通り過ぎていても入ったことがなかった店に連れていってもらっている。

キムラさんを通して、ほかの浅草の旦那さん、つまり浅草文化の中核を形づくっている老舗店の主人たちと知り合うことができた。浅草で浅草の人たちと長く時間を過ごすうちに、東京のほかの街の人たちとはちがうことに気づいた。私が住んでいる日本橋あたりの江戸っ子ともちがう。浅草の人たちはそれぞれにユニークで、私はそこが好きだ。浅草にいるとき、とくに三社祭では、地元の人かそうでないかはひと目でわかる。浅草の人たちは人生を愉しみ、食べること、飲むこと、それになにより祭りを愛し、愉しんでいる。

私の観察によると、彼らはよく働く。少なくとも私が知っている人たちは、だいたい一〇〇年以上は続く商売をやっている、成功したビジネスマンなのだ。

仲見世の助六を訪ねると、ほぼ毎回、何かを食べながら店の中を覗き込んだり、店の前を通り過ぎる人がいる。それを目にすると、キムラさんは早口で「ちょっと待ってて」と言い残し、外に飛び出していく。そうした行儀の悪い人をつかまえては、「人がたくさんいるところで、歩きながらものを食べるような悪いマナーはしないでほしい」と懇願する。日本人でも外国人でも、同じように説教をしている。そしてかならず「こんな基本的なマナーを注意される人間がいるなんて信じられない」というように首を振りながら戻ってきて、

「で、どこまで話したっけ」

と言ってから、会話に戻る。この一連の行動のあいだ、彼はとても礼儀正しく、けっして大声を出したりしない。六本木で見かける屈強な用心棒のようではなく、孫を注意する優しいおじいさんのような態度なのだ。

歩きながらものを食べてはいけないという考え方は、しかし外国人には馴染みがない。とくに全体の三分の一が煎餅やら人形焼やらの、あたたかいうちに食べたほうがいいスナックを売っている店ばかり並ぶ通りでは、なおさらピンとこない。買ったものは店内か指定された場所で食べるようにという注意書きを出している店もある。ただし三、四軒だけだ。残りの五〇軒以上の食べ物店には何も指示は出ていない。頭上のスピーカーからは数分おきに「食べ歩きをしないでください」というアナウンスが流れているが、日本語だけだし、まわりが賑やかすぎるから、ちゃんと聞き取れる人はほとんどいないだろう。

私自身、罪を認めねばならない。ときどき浅草を歩きながらものを食べることがある。

仲見世の助六をふらりと訪ね、キムラさんと話し込む

けれど、暑い日にソフトクリームを舐めるくらいで、仲見世などの混んでいるエリアを歩きながら食べたことはない。ぶつかられて飲み物や食べ物を落としたくないからだ。アメリカでは何度もそういう目にあった。それに、こぼした食べ物や飲み物が誰かの服や体についてしまうのも避けたい。

ただ、個人的には、自撮り棒を振りまわしながら歩いている人のほうがずっと危険だと思う。旅行者が振りまわす自撮り棒の先についたカメラで、何度頭や肩をこづかれたことか。一方で、たぶん食べ物をこぼされたことはない。少なくとも浅草では。

歩きながら食べるいちばんの問題は、包装紙や容器などを捨てるゴミ箱がないことだと思う。連れていった外人からはいつもどこにあるか訊かれる。「ない」と答えるとき、理由をふたつ説明する。①日本では歩き食いは行儀が悪いとされていて、みなやらないからゴミ箱がいらない。②以前は日本の首都圏にもゴミ箱がもっと設置されていたが、サミットが日本で開催された際に、テロを恐れて撤去された。②については自信がないが、数年前に新聞でそのような記事を実際に読んだので、完全に間違いではないはずだ。

アメリカ全体の状況はどうなっているかわからないが、ポートランドではもっとあちこちにゴミ箱がある。とくに屋台が出ているところや公園など、人の集まる場所にはたくさんある。二年前、ポートランドの繁華街の歩道に、ソーラーパワーで動くゴミ圧縮機があるのを見て驚いた。まさに街とそこに住む人々の考えに沿ったものだ。

光栄な人ちがい

奈良で居候させてもらった友人のマットは、その後いったん帰国してポートランド州立大学の大学院で日本語の勉強に励み、さらに日本文学の研究のためにハワイ大学で勉強を続け、約六年間日本を離れていた。そのマットが、やっと関西に戻ってきた。今回は大阪で、上方落語の研究が目的だった。私は機会を見つけては彼の元を訪れた。

大阪の彼の家に行ったあるとき、外へ何か食べにいこうということになり、歩いてすぐの近所にある小さな鮨屋に入った。とくに高級店というわけではなく、地元の人が数人来ているだけで、そのほとんどが常連客のようだった。私たちはカウンターに座り、まずはビールを二本頼んでから、料理の注文をはじめた。最初は刺身、それから握り。

私たちは話に夢中になっていたので、ほかの客がみなこちらを見て、何かひそひそと話し合っているのに、しばらく気づかなかった。きっとこの店に外国人がいるのは珍しいのだろう。すると、客のひとり、六〇代半ばぐらいの男性が私たちのところにやってきて、日本語で言った。

「日本酒をご馳走させてください」

私はもちろん、喜んでご馳走になった。この最初の男性が私たちとの接触に成功したのを見ると、すぐにほかの客たちもやってきて、私と写真を撮ったり、さらに酒をご馳走してくれる人も現れた。

　しばらくして、私は自分の身に何が起こっているのかを理解した。彼らは私をランディ・バースと間違えているのだ。バースは阪神タイガース史上もっとも偉大な外人選手だ。いや、大阪でもっとも偉大な外人かもしれない。「バースさん」が日本でプレーしていたのは私が来日する何年も前のことだから、彼の日本での偉業はなんとなく聞き知っていたが、彼がどんな風貌をしているかはまったく知らなかった。

　マットの家に戻ると、早速インターネットでバースを検索してみた。思ったとおり、私は彼によく似ていた。髭《ひげ》の形も同じだし、髪の色も同じで、生え際が後退気味なところもそっくりだ。身長はランディ・バースのほうが少し高い。年齢は私よりいくつか上だが、まあ近いといっていいだろう。二〇年以上も前に、本物のバースのプレーを観たきりのファンが私を彼と間違うのは無理もないことかもしれない。その後も、大阪では何度か同じようなことがあった。

　ある週末、京都でのことだ。私は西欧人と日本人が混ざった、一五人ぐらいのグループのなかにいた。居酒屋の受付を通って、裏の座席まで歩いているときに、店内の五〇歳以上の人たちのほとんどが食べる手を止め、何かを話し合いながら、歩いている私を振り向いて見つめていた。最初は、日本人ばかりの店内に、私を含む数人の外人が入ってきたからだろうと思った。ここは大阪ではなく京都なのだ。けれど念のため、私がバースに間違えられていないかどうかを確認する方法を考えてみた。

翌日、同じグループで別の居酒屋へ食事に行ったときに、私は最後に店に入るようにした。こうすれば、外人が入ってきたのが理由で振り向いたかどうかがわかる。グループの最初の人が入っていく様子を見ていたが、何も起こらなかった。誰も飲み食いをやめなかったし、話を中断する人もいなかった。けれど私が入っていくと、昨夜と同じことが起こった。そして人々が「バースさんや、バースさんや」と小声でささやき合うのが聞こえた。

私はよく、バースが阪神タイガースを日本一に導いた一九八五年に、自分がもしも大阪にいたらどうなっていただろうと考える。バースに似ているせいで、ケンタッキーフライドチキンの店の前にいるカーネル・サンダース像ではなく、私が道頓堀川に投げ込まれていたかもしれない。あるいは自分で飛び込んでいたかもしれない。歴史は変わっていただろう。阪神タイガースはその後続いた長年の連敗を免れ、私はバースのそっくりさんとして名を馳せていたかもしれない。

最近になって、テレビのニュースで日本のプロ野球ＯＢ戦のハイライトを見た。なんとバースが出場していたのだ。昔と顔は変わらないようだったが、身体つきが変わっている。引退以来、横にとても大きくなっていた。この夜、彼のプレーをテレビで見た人は多かったようだ。なぜかって？　それ以来、バースに間違えられていないからだ。

（第3章）

商店街、デパ地下、築地市場での買い物

日米のコンビニはここがちがう

日本での食材の買い物は、毎日していることなのにいつもうれしいし、愉しい。手に入る食材のバラエティの豊富さは、日本に住んで一〇年になるいまでも驚異的だと思う。それにまだまだ新しい発見がある。日本語がちゃんと読めるようになってきて、ようやく目に入るようになったものが増えたからかもしれない。

コンビニでの買い物も面白い。近づいていくと店員が「いらっしゃいませ！」とお辞儀をしたり、アメリカでは考えられないようなことばかりだ。なにせアメリカでは、レジ係が乱暴にレジをたたきながら、袋に商品を無理やり詰めこんでダメにしたり、どこに何があるかを聞いてもまったくわからない店員に遭遇するのも珍しくないのだから。

ほとんどのコンビニで、できたての惣菜や生鮮食品を数多く扱っているのにもいつも感心する。刺身や鮨、果物や野菜などの生鮮食品、それに鶏肉、豚肉、牛肉、野菜を調理したものがみな手に入る。蕎麦、うどん、さらにはスパゲッティまで、いろいろな麺類も売っている。そしてあらゆる種類の炭酸飲料があるし、それよりずっと多くの多種多様なお茶や水や缶コーヒーが並べられている。

一方で「ミニマート」と一般的に呼ばれるアメリカのコンビニは、たいていジャンクフードしか置いていない。炭酸飲料や甘い菓子、不健康なスナック類だ。脂肪と塩分まみれのジャンクフードは、だいたいはどこかでつくられたものを店で温めなおして置いている。ときどき鮨もあるが、ほとんどの場合はカリフォルニアロールで、その鮮度はあやしいものだから、食べても安全だと私は断言できない。サンドウィッチ、ジュース、カップラーメン、ビール、ワイン、菓子、スナック、それに卵や油やパンなどの毎日使う食料品は、日米どちらのコンビニにもある。けれどアメリカのコンビニでおにぎりを見たことがあるだろうか？　さらには饅頭やおでんは？　アメリカではなぜかスポーツドリンク「ゲータレード」がどこに行ってもあるのに、日本酒や焼酎を置いていないし、日本のコンビニのようにバラエティ豊かなワインはない。

もちろん食文化のちがいのせいもある。アメリカ人は日本人ほど米を食べないから、おにぎりなどを置く必要はない。大多数のアメリカ人がいちばん食べるものは肉と菓子と根菜だ。ただしこの根菜とは主にジャガイモのことで、食べ方はたいがいフライドポテトと決まっている。それに日本とアメリカで、見た目は同じでも中身はぜんぜんちがう食べ物もある。たとえばヨーグルトはまったく味がちがう。アメリカのヨーグルトはとても甘いのだ。ペットボトル入りのお茶はアメリカでも売っているが、健康食品の店にあるもの以外は、すべて砂糖が入っていてやはり甘い。日本で売っているような無糖の緑茶やほうじ茶や紅茶はない。

ところで、私はずっと、コンビニにはどのくらいの現金が置いてあるのだろうと気になっている。レジに並んでいるとき、私の前に三、四人が連続でちょっとしたものを買うのに一万円札を出しても、なんの問題もなくお釣りを受け取っているのを見た。アメリカでは店やレストランで、一〇〇ドル札のお釣りを出せないことはよくある。そして私は思った。コンビニ一軒で一万円札のお釣りを何回ぐらい出せるものなのだろう？　いつか、一〇〇人の客にコンビニで、何か安いものを買わせ、みな一万円札で払わせてみたい。いつかはお釣りが切れると思うけれど、でも何人目ぐらいで？　もちろんただ実験を想像してみただけだ。実際にはやっていない、少なくともまだ。

地元人形町での日々の買い物

人形町に引っ越してきて驚いたのは、界隈に専門店の数が多いことだ。なにせ鮮魚店が二軒、鶏肉専門店が四軒、八百屋が六軒、酒店が四軒、豆腐屋は四軒、米屋も二軒あるのだ。さらに和菓子屋がたぶん一〇軒はあるし、なんと海苔だけを売っている店まで三軒ある。私は海苔が好きだが、海苔しか扱っていない店があって、それも一軒だけではなく近くに三軒もあるなんて、自分の目で見るまで想像もできなかった。年々その数は減ってはいるが、これは素晴らしいことだ。

私が食材を買うのは、だいたいこの地元商店街の専門店だ。パンは近くのドイツパンの店タンネで、果物と野菜は家の近くにある数軒の八百屋のうちのどれかで、魚は築地まで行けないときは二軒ある魚屋のどちらかで買う。鶏肉店には焼き鳥など調理済みの惣菜も置いてあり、「鳥近《とりちか》」と鳥忠では美味しい玉子焼も売っている。有名料亭の御用達「大金鳥店《だいきんとりてん》」の店主スズキさんは、いつも鶏肉についていろいろ教えてくれる。焼き鳥！　素晴らしい食べ物だ。

さらに人形町名物べったら漬けと手づくりの惣菜や食材を、小さな店内にところ狭しとそろえているわしやがある。妻曰く、「老人が好む食べ物がすべてある」店だ。ここには糠《ぬか》漬け用の糠をはじめ、私がよく買うものもいろいろある。ということは、私は日本の老人に近くなってきたのだろうか。

地元の店で買い物をすれば、新鮮な食材をいつも手に入れられる。気軽に毎日買い物ができるなら、保存料が入った食品を買わなくてもいい。そのおかげで日本の食べ物は、同じように専門店で買い物をする習慣のあるヨーロッパ同様に美味《おい》しいのだと思う。反対に、アメリカではほとんどの人が車で買い物にいき、一週間分の食材をまとめ買いする。便利かもしれないが、便利さは新鮮さを、さらには味を犠牲にしていることが多い。アメリカの食品に保存料が多いのは賞味期限を長くするためなのだ。

人形町という土地柄、有名レストランが野菜や鶏肉や豆腐などの食材を、どこの店で仕入れているのかを目近に観察することもできる。地元の専門店の人がミシュランを獲得した料亭に配達しているのを見れば、その店がとてもよい品を扱っていることがわかる。築地で買い物をしていてもそれは同じだ。高級なレストランや鮨屋の人が買い付けにきているのを見かけたら、そこの品はきっととてもいいものだと裏付けられる。

私がことに愛用しているのは、家から近いスーパー「マルエツプチ」だ。スーパーとコンビニを兼ね備えた「スーパーコンビニ」と私が呼んでいるこの店で、だいたいの買い物をしている。厨房やレジまで含めて二〇〇平方メートルぐらいの店内に、毎日の料理に必要なものがほぼそろっていて、値段も安い。この店に不満があるとしたらただひとつ、通路がとても狭いことだけだ。私は肩幅が広いせいで、ときどきほかの客とすれちがうのに苦労する。棚のいちばん下の段のものを見たくても、かがむスペースがないから無理だ。けれど、そんな小さな難点は我慢できる。

いまではマルエツプチをはじめ、近所にあるスーパーではどこに何が置かれているかがわかってきた。日本、とくに東京の都市部のスーパーはとてもコンパクトにできているので、はじめての店でも目当ての品をほとんど苦労せずに見つけられる。

アメリカのスーパーではこうはいかない。みな広大で、日本の広いデパ地下の三倍か四倍もの面積があることが多く、だいたい全長三、四〇メートル、幅二メートルもの通路が並んでいる。つまり通路一本分だけで、私が毎日買い物をしているスーパーコンビニと同じ程度の面積があるのだ。こういう店は地ビールやワインの品揃えがいい。少なくともポートランドではそうだ。しかしそれ以外の商品には買いたいものがほとんどない。炭酸飲料ばかりが並んだ通路、しょっぱいポテトチップスやコーンチップスばかりのスナックが並んだ通路、日本の煎餅が一種類、あとはほぼみな保存料がたっぷり入っている甘い菓子、いつまでも絶対に腐らないといわれている「トゥインキー」「ディンドン」など。シリアルだけが並んでいる通路もあるし、さらに精製した小麦粉ばかりの棚もある。こういう商品のほとんどにダイエット版もある。それに衛生用品もバラエティが豊富だ。ペーパータオル、トイレットペーパーはみな大容量のパックで売られている。ただ、トイレットペーパーもペーパータオルも二〇種類もの品揃えはいらないと思う。

もちろんアメリカのスーパーにも、とても健康的で美味しい食品を売っている店はある。ただし大規模店より値段が高い。それに日本のスーパーのような広い厨房設備はアメリカのスーパーにはほとんどない。そのかわり、デリやベーカリーならある。最近はベーカリーが以前よりは少なくなっていて、パンは工場でつくられたものが主流になっているが。

ほとんどのアメリカ人にとって、買い物とは車で好きなスーパーに行って、健康的かどうかや栄養などは気にせずにできるだけ安い物を買うことなのだ。アメリカ人の三分の一が肥満でも、なんの不思議もない。

ポートランドの自宅の近くには専門店がいろいろとあったし、手頃な規模のスーパーマーケットもあった。だから、車で買い物にいくことは少なかった。たいていは徒歩か自転車だ。

私はいまも買い物のために車を運転することはないが、日本に住む外国人で、ある店に行くために運転免許証を持っているという人をかなり多く知っている。その店とは、「コストコ」だ。私もオレゴンでは、トイレットペーパーや大きなチーズのかたまり、保存用の冷凍の鶏肉などを一度に大量に買うために、ときどきコストコに行っていた。家も広かったし大型冷蔵庫もあったから、買ったものの収納場所はじゅうぶんにあった。けれどいまのマンションにはしまっておく場所がないし、保存用の冷凍庫もないから、最寄りのコストコがある幕張までわざわざレンタカーを借りていく必要はない。なによりも家のすぐ近くで質の高い買い物ができるのだから。日本のコストコで買い物をしているという外国人に会うと、私はただ顔をしかめて、どうしてそんなところに行くのだろうと思うのだ。

デパ地下パラダイス!

食べ物を売る店の最高峰といえば、日本のデパートの食料品売り場、いわゆる「デパ地下」以外にないと思う。私は生鮮食品を日本橋高島屋で買うし、弁当とかちょっとしたおかずは松屋や松坂屋で買うこともある。けれどいちばん好きなデパートとデパ地下は、日本橋の三越本店だ。

とくにその持ち帰り用惣菜のバラエティは素晴らしい。質もサービスも驚異的だし、家まで自転車で四、五分なので、買ったものが傷む心配もない。自転車の鍵を忘れたときでも、三越の客は自転車を盗まないのがわかっているから、あまり心配せずに店内に急ぎ、閉店前の値下がりした魚をチェックすることができる。それに私の自転車は、サドルを下げてもペダルに足が届く日本人はあまりいないだろうから、六本木みたいに外国人が多いところより安心なのだ。

三越には欲しいものはだいたい何でもある。夕飯のメニューがまだ決まっていなかったら、閉店三〇分前ぐらいまで待ってから三越に行って、「タイムセール」で値引きになっている魚を見る。冬には生協の宅配で頼んだおでん種を煮て夕食にするが、量が足りなそうなときには三越で買った種を追加で入れる。本ワサビを買ってきてすりおろすのが面倒なときは、チューブ入りでもちゃんとしたワサビがつねに二、三種類ある。その場でおろしたものにはかなわないが、普通の店で買うものよりはずっといい。妻か私がケーキやパンなどを焼くときは、新館地下二階のコーナーに行けば材料も器具も必要なものはほぼなんでもそろっている。本格的なオーブンを備えた家庭が日本では少ないことを考えると驚くべきことだ。

ヨーロッパの事情と比べることはできないが、少なくともアメリカにはデパ地下に匹敵するものはない。子どものころ、ポートランドのデパートの地下にも食料品売り場はあったが、一九七〇年代ぐらいに姿を消した。

私はデパ地下によくある試食が好きだ。無料でお腹をいっぱいにするためではなく、見たことのないものや、聞いたことさえないものの試食を見つけたらとりあえず食べる。キムチとか漬け物とかおでんの種など、よく知っているものは、買うためでないかぎりは試食しない。けれど見たことがないものがあったらつまんでみる。あるときなど、一週間のうちに、名古屋の手羽先、鹿児島のさつま揚げ、上野の料理屋のスッポンスープなどなかなか口にすることがなさそうなものばかりを食べることができた。週替わりで出ている日本酒メーカーの利き酒も最高だ。試飲すると結局は買ってしまうし、もう一度同じものが買いたくて、またやってくることもある。

そしてなによりも特筆すべきは、特設の物産展である。

三越で大好きなもののなかに、七階の展示ホールで定期的に行われるフェアがある。北海道物産展、沖縄と九州の食品展、フランス、イタリアの特別展もある。けれど、いちばん好きなのは二月のはじめ、バレンタインデーの前の週に開かれるバレンタインフェアだ。毎年世界のトップクラスのチョコレートメーカー一〇〇社以上のチョコが置かれていて、みな客を呼ぼうと無料の試食を出している。客のほとんどは男性にプレゼントするチョコを買う女性で、これは世界でも珍しいのではないだろうか。私はアメリカ人なので、妻のためにチョコを買わねばならない。だからどれを買うか決めるため、堂々と何種類も試食できるのだ。

日本のデパートに行くと、準備が行き届いていていて、客のありとあらゆるニーズに応えていることに感嘆する。三越ではそれは正面玄関からはじまっている。入ってすぐのところに貸し傘があるのは、傘を持たずにやってきて、店内で買い物をしているあいだに雨が降りはじめたときのためだ。鮮魚売り場のそばには、悪くなりやすい生魚をほかの買い物中に持ち歩きたくない客のために、冷蔵のロッカーがある。最初に日本に来たころ、傷みやすい食べ物のために小さな氷パックを入れてくれるのを見て感心した。こんなに暑い夏に生ものを食べるこの国では、この保冷剤は必需品なのだといまでは知っている。

私がどんなに日本語が上達しても、どんな業種だろうと日本の小売店には勤められないと思う。きれいに包装できないからだ。日本の美しい包装を愉しんでいる外人は私だけではない。ときどき過剰包装になっていて無駄だと思うこともあるし、開けるのが難しいこともあるけれど。妻の真似をして、包装紙を再利用できるようにきっちりきれいに開けようとしても、なかなかできない。長年、包装紙を破いて開けてきたせいだと思う。アメリカではそれが普通なのだ。

私を含む外人が感心するものはまだある。たとえばお辞儀だ。レジに向かって歩いていったときも、支払いが終わったときもお辞儀をしてくれる。いまではすっかりそれに慣れたので、アメリカの店で店員がお辞儀をしないのがなんとなく寂しい気がしてしまう。展示の美しさ、とくに開店のときすべてが完璧に整っている様子にも感心する。

デパ地下にやってくる外国人

近年日本に来る外国人観光客の多くは「デパ地下」を知っていて、一度は行ってみたいと思っている。けれどこういう人たちは実際のデパ地下がどういうところかを少し誤解していることが多い。私が読んだ英語のグルメブログのなかには、デパ地下には屋台があって、歩きまわりながら無料で食べられるなどという誤記もあった。このような記事では、スラングとして「grazing」という、本来は動物が草を食むときに使う単語が使われていることが多い。私が思うに、「grazing」とはパーティで会話を楽しみながら、ワインやビールを飲み、フィンガーフードを食べるときに使うべき言葉だ。

もちろんデパ地下には試食がいつもある。とくに夕食を買って帰ろうという客が多い夕方にはたいていい用意されているが、ほんのひと口分だ。食事になるような量ではない。日本のデパートには、地下だけでなく店内全体にいろいろなレストランがあり、有名店の支店も多いから、食事ならそちらに行くべきだ。残念ながら、それを知っている外人旅行者はとても少ない。

私は三越のデパ地下で買い物をしながら、目につく外人がどこへ行って、何をしているかを観察する。旅行者はすぐわかる。カメラを持っていて、日本人にとってはさほど珍しくないものを写真に撮っているからだ。氷の上に陳列されている魚とか、着物姿で買い物をしている女性とか。なかには日本酒売り場に行って、試飲をしてみる者もいるし、キムチや漬け物の試食をおそるおそる受け取る者もいる。

グルメツアーをするときゲストをかならずデパ地下に案内する私にいわせれば、デパート、それもとくに食料品売り場は、築地や浅草と同じぐらい必見の観光スポットだ。そう、そもそもデパ地下は、人々がわざわざ電車に乗ってでも行く価値のあるエンターテインメントなのだ。けれど普通の東京ツアーにはデパ地下は含まれない。だから自分で行ってみることを私はすすめている。

なぜデパ地下をすすめるのかと訊かれれば、私はいつもこんなふうに答える。

「黙って行ってみるといい。行けばわかるから」

これ以上の答えは思いつかない。デパ地下には素晴らしいところがありすぎて、説明しきれないからだ。まずはなによりも食べ物、とくにテイクアウトの惣菜だ。みな見た目がとても美しくて美味しそうだ。朝の開店時、大皿やボウルに盛りつけられたまま、まだ誰も手をつけていない状態はほんとうに見事だ。あるときなど、カニ焼売《しゅうまい》のディスプレイで、カニの脚一本一本がのびた先にカニ焼売をひとつずつ置いて、シンクロナイズドスイミングの演技のように見せてあった。精肉売り場だってほかの国とはちがう。薄切りの牛肉や豚肉が、そのまますき焼きやしゃぶしゃぶができそうなくらい整然と並べられている。

果物の値段を見てショックを受ける外国人は多い。メロンが一個一万円だったり、ブドウ一房が五〇〇〇円だったりするのを信じられない人がほとんどだ。こういう値段を見て、みな日本はとても物価が高いというイメージを抱いてしまう。けれど、こういう高額の商品はだいたい贈答用であり、受け取る人もメロンだろうがブドウだろうが、その果物がどういうものであるのかを知っていて、その価値をわかったうえで喜ぶのだ。こういう果物を自宅用に買って食べている人を、私は見たことがない。もちろんそういう人も実際にいるのだろうけれど。

あるとき、フードジャーナリストでパンの本も出版している友人マイケル・ズスマンが日本へ旅行にきた。マイケルの来日のいちばんの目的は食べることだった。ミシュランの星を獲得した高級レストランであろうと、立ち飲みの焼き鳥屋であろうとかまわない。彼は食べるために日本へやってきて、ほんとうに食べまくった。大柄で、歳は私と同じぐらいだが、体も食欲も私よりはるかにビッグサイズなのだ。

あるデパートの地下食料品売り場に行ったとき、彼はパンを試食してみたいと言った。ひと切れではなく、四、五切れ食べてから、次の店に行って、さらに食べる。食べたパンはみな気に入ったようだ。ほとんどの種類のパンの製法をよく知っているからこそ、きちんとつくられていることがわかったのだろう。

ある午後、マイケルと三越本店のデパ地下にいると、彼は私が気づかなかったあることに気づいた。ドーナツを買っている中年女性がたくさんいるというのだ。

「みな主婦のようだ。しかもなぜか、ほかのパンといっしょに一個だけ買っている」

私たちは考えた。

「きっと、こっそり自分だけの午後のおやつにするんじゃないだろうか。夕食の準備に入る前に家族に隠れて食べるのでは？」

当の女性たちは、ドーナツを買っている秘密がバレたとは知るよしもなかっただろう。


デパ地下は外人旅行者にとって愉しいばかりではなく、長時間の観光で疲れ、メニューが読めず店員の言葉もわからないレストランに食べにいく元気がないときには、とても便利だ。三越や高島屋で食べ物をテイクアウトして、ホテルで食べる人たちも多い。売っている料理は大皿に盛りつけてあるから、ひと目で何だかわかるし、わからなくても想像がつく。サラダを一、二種類、それにパンとチーズを買ったり、主菜を一、二種類、前菜も一種類、そしてワインを一本。ワインは故国で馴染んだ飲み物だから、滞在中に日本食と日本酒浸けになっている彼らは、飲むとほっとするようだ。

唯一の問題は支払いだろう。日本のお金に慣れていないのだ。あるとき支払いができなかった外人客が、店員に財布を渡して代金を取ってもらっているのを見た。こんなにも店員が信用されている国は、日本のほかにないと思う。

酒造「橘倉《きつくら》」の新年会で日本語スピーチ

ある日、日本橋三越本店の地下でいつものように買い物をしていて、ワインと日本酒のコーナーを通りかかった。このコーナーでは毎週水曜日から翌火曜日までの一週間、日本各地の酒蔵の特集をしていて、いつも蔵元の人がサンプルを注いでくれる。

この週は信州佐久の酒造「橘倉」の特集だった。私が二種類ほど日本酒を試飲していると、さらに蕎麦焼酎をすすめてくれた。もう時間が遅く閉店間近だったので客はあまりおらず、私と同年代ぐらいの蔵元の人と数分話すことができた。名刺を交換すると、その人は橘倉酒造のイデさんという人であることがわかった。「またいつかお会いしましょう」と言って別れた。

二日後、私はまた三越に行き、イデさんに挨拶しようと日本酒コーナーに立ち寄った。このときイデさんは、「橘倉の酒を置いている料理店で定期的に食事会を開いているのですが、ご興味はおありですか?」と訊いてくれた。もちろん私は「はい」と答えた。

その翌年、私は東京のあちこちの料理店で行われる橘倉のパーティに三、四回行った。いつも愉しかったし、東京でも普段は行かない地域の料理店に行くことができた。さらに、いい日本酒を飲めるだけでなく興味深い人たちにも出会えた。

二〇一二年の一月の終わりに、イデさんから、橘倉恒例の新年会に来ないかと電話があった。数寄屋橋のビヤホール「ニュートーキョー」で開かれる予定で、費用はたったの五〇〇〇円だった。私は一も二もなく「行きたい」と答え、カレンダーに書き込んでおいた。予定の一週間ほど前になってイデさんから再度電話があり、新年会で短いスピーチをしてほしいと依頼された。日本酒について、私が思うことを何か話してほしいというのだ。日本の人たちはよく、日本に住む外人である私の考えを知りたがるようだが、そういう質問に答えるのはぜんぜん問題ない。けれど、今回はおそらく一〇〇人以上の人たちの前で日本語でスピーチをすることになりそうだから、ちょっとためらった。イデさんに、私が彼の言っていることをちゃんと理解できているかどうかを確認するために訊いた。

「ひょっとして、大勢の人たちの前で、日本語で、日本酒に対する私の考えを述べてほしいのですか?」

彼の答えはこうだった。「そうです。まさにそれをお願いしているんです」

イデさんは、この二か月前にカナダ大使館で行われたパーティで、ただひとり日本語と英語の両方でスピーチをしている。彼がやったのだから、私にもできるだろう。私はスピーチを承諾し、電話を切ってすぐに考えた。もちろんスピーチの内容を考えるとともに、「自分はいったい、何に足を踏み入れてしまったのだろう」と。

新年会は二月一一日、建国記念日に行われた。『日本書紀』には、紀元前六六〇年のこの日に最初の天皇神武帝が日本を建国したとある。日本史の学位を取っていて役に立つこともあるのだ。私は翻訳を手伝ってくれる友だちマットに、スピーチの内容をメールで送り、返信をもらうと、練習をはじめた。

ついにその日がやってきた。会場に行くと、イデさんが私を見つけ、その日スピーチをするほかの人たちに紹介してくれた。そのうちのふたりは私同様外人だった。最初にスピーチをしたのは日本人だったと思うが、緊張していたのでよく覚えていない。日本人ではないふたりのうち、ひとりが英語で何か少し話し、もうひとりは日本語でとても短く言葉を述べた。そしてとうとう私の番が回ってきた。このとき述べたのは、次のようなスピーチだ。

「このあいだ、イデさんからお電話をいただきまして、今晩、日本と日本酒、そして橘倉について、ちょっと話してくれないかと言ってくださいました。去年の一一月に、カナダの大使館で英語と日本語の両方でお話しされたのはイデさんだけでした。ですから、今晩は、わたくしは日本語で頑張らせていただきたいと思っております。

イデさんにはじめてお会いしたのは、一年半前でした。そのとき、彼は三越本店で日本酒を紹介していらっしゃいました。そのあと、イデさんとお友だちになり、橘倉の日本酒のパーティに四、五回参加させていただいております。毎回大変愉しい会です。

わたくしは、ビールとワインが名物のオレゴン州からまいりました。オレゴンのビールとワインは少し恋しいですが、そのかわりに日本でこんな立派な日本酒と和食をいただけるのだから、自分はとてもラッキーだと思っております。最近、質の高い地酒はアメリカでも手に入るようになってきましたが、しかし、値段はまだ高いんです。一四〇ミリリットルの大吟醸は、だいたい二〇〇〇円します。残念なことに、オレゴンで橘倉を飲もうと思ったら、日本から運ばないといけません。

日本の古代史の資料によりますと、今日は神武天皇が日本を興してから二六七二年となります。その長い年月を通して日本人は日本酒の味を愉しんできました。そして、三三五年前より橘倉さんは日本酒を造っていらっしゃいます。わたくしは一年半前から、その橘倉を大変美味しくいただいております。

今晩も、これからも、ぜひ皆さまとごいっしょに橘倉の日本酒をたっぷりと、美味しくいただきたいと思っております」

話し終わると、部屋中の人たちが大きな拍手をしてくれた。けれどスピーチを終える直前に、私はあることに気づいていた。建国記念日について話しているとき、年配の人たちは耳を傾け、笑みを浮かべてうなずいていたが、若い人、だいたい四〇歳以下の人たちはあまり反応を示さなかった。おそらく若い世代にとって、この日はただの休日で、スキーに行ったり、日本酒のパーティに行ったりする日にすぎなかったのだろう。

酒の自販機があるなんて

日本に住むまでは、アルコールの扱いがアメリカと他国で大きく異なることを知らなかった。以前は日本における酒の扱い方がアメリカとちがうのだと思っていた。しかし日本に住んでしばらくして、アメリカがほかの国々とはちがっているのだと知った。

日本と同じように、私が行ったことのあるヨーロッパの国々でもたいていアルコールは歓迎されている。日本酒は、神道や稲作と密接な関係がある伝統的な飲み物として世界に知られている。ほかのアルコール類と同じように課税され、規制されているが、アメリカのように抑圧されてはいない。ドイツにはさまざまなビール祭りがあり、なかでも毎年秋に開催されるオクトーバーフェストは有名だ。バイエルンで道路工事の現場で働く人が、午前中の休憩でビールを飲んでいるのをはじめて見たときの驚きは忘れられない。アメリカでこんなことをしたら、即刻クビだろう。フランス、イタリア、スペイン、ドイツ、オーストリアではワインが食事の愉しみの一部になっていて、朝食以外の食事では、飲むのが普通になっている。日本で七〇歳以上とおぼしき女性たちが着物姿で、日の高いうちからレストランでビールを飲んでいる姿など、いつ見てもうれしくなる。同じような光景をヨーロッパでも見たが（もちろん着物姿ではない）、アメリカでは見たことがないし、想像もつかない。

アメリカでは多くの人がアルコールを悪いものと考えている。どこかイスラム圏の国のようだ。一九二〇年代には禁酒法を施行したが、散々な結果ばかり残して終わっている。イスラム教以外の国で、酒を法律で禁止したことがあるのはアメリカぐらいではないだろうか。ヨーロッパのほとんどの国では、日本と同じように、アルコールは社会に欠かせないものと、国だけでなく個人もまた認めている。アメリカではアルコールは厳しく管理され、高い税をかけられているが、これは税収を増やすためというより、酒の消費を抑えるためだ。酒税がしばしば「罪悪税」と呼ばれていることからも、アメリカの考え方がよくわかる。アルコール販売を厳しく規制し、飲酒を制限する法律が施行されている一方で、テレビのスポーツ中継ではアメリカ三大ビール会社のコマーシャルがたくさん放映される。アメリカでアメフトに次いで注目を集めるスポーツ、車の「ナスカー」レースは、禁酒法時代に密造酒のメーカーが警察から逃れるために車を急発進させなければならなかったことからはじまった。アルコールをどう扱ったらいいのか、アメリカはいまだに決めかねている。日本に来て、テレビのコマーシャルでビールを実際に飲んでいる映像が流れるのを見て、私はほんとうに驚いた。アメリカでは禁止されているからだ。

そういえば、妻がはじめてポートランドに来てくれたとき、滞在中のある夜、地元の映画館に行った。そこではピザなどの食べ物といっしょにビールとワインを売っていた。私はとっくに四〇歳を過ぎていたし、彼女も四〇歳近かったが、アメリカで飲酒が許される年齢、二一歳以上であることを証明するために身分証明書を提示しなければならなかった。私はオレゴン州の運転免許証を見せたので問題なかったが、妻の日本の身分証明書が認められるのには時間がかかった。待っているあいだに彼女が、「アメリカはすごく不思議な国ね。銃はとても簡単に買えるのに、大人がビールを買うのがこんなに難しいなんて」と言った。私は「そのとおりだ」ということ以外に何も言えなかった。

はじめて日本に来た旅行者は、みなアルコールを売る自動販売機の写真を撮りたがる。どこの国から来た人も、販売機でビールもワインも焼酎も、さらにはウィスキーまで買えてしまうことに驚く。私もかつてはそうだった。日本以外ではまったく事情がちがうのだ。

東京に住むようになってからは、近くの酒屋でいつでも買えるので、自販機で買う機会はあまりない。しかし暑苦しい夜中に、すべての店が閉まっていてもビールが買えるとわかっているのはいいものだ。

奈良に滞在していたころは、お気に入りのバー、ルーマーズで遅くまでダーツをして楽しんでいた。歩いて一五分の帰り道の途中、酒屋の前に自販機があった。ある夜、友人のマットと夜のしめくくりに、ぜひもう一杯ビールを飲もうと決めた。残念なことに午前二時だったので、制限時間を過ぎた自販機は電源が切れていた。私は五〇〇円玉を自販機に入れ、釣り銭口にそのまま落ちるかちりという音を聞いてその事実に気づいた。コインを取り戻そうと釣り銭口に指を入れるとうれしい驚きがあった。五〇〇円玉が一枚ではなく二枚あったのだ。私たちより酔った誰かが、五〇〇円玉を取るのを忘れていったのだろう。それ以来、深夜に家に歩いて帰るときはいつも、同じような人がいないかと自販機の釣り銭口に指を入れてチェックしていた。たしか二回に一回ぐらいはコインがあり、しかもいつもそれは五〇〇円玉だった。

納豆と豆腐

私が「牛肉と豚肉は食べない」と話すときには、「鶏肉と魚は食べるし、好きだ」と付け加えている。かまぼこも好きだ。この魚の加工品を、おそらくあの食感のせいで好まない外国人は多い。私は鮒鮨《ふなずし》やくさやも好きだ。どちらも日本人でも食べられない人が多い。鮒鮨もくさやも、自分がオレゴンで食べていたものと近いから好きなのだと思う。鮒鮨は、匂いも味も食感も、癖《くせ》の強いチーズに似ている。子どものころからいろいろなチーズを食べているので、鮒鮨を食べるのに苦労はしなかった。それに、鮒鮨が現在の鮨の元祖にあたると知って以来、ずっと食べてみたくて仕方がなかったのだ。

くさやにも同じような経緯があった。はじめて食べたのはポートランドで、まだ婚約者だった妻がポートランドに、瓶に入ったくさやを持ってきてくれたのだ。彼女は匂いが強烈すぎて、私が気に入らないのではと心配していた。けれどひと口食べたとたんに気に入った。ポートランドでネイティブアメリカンがくれたスモークサーモンによく似ていたからだろう。ポートランドに住んでいたころは、六〇キロメートルほど東にある小さな町で、景色もサーモンの漁場としてもあたりでいちばんの、コロンビアリバー渓谷近くの釣り場で、ネイティブアメリカンからたくさんのサーモンを買っていた。数年間、同じ人からたくさんサーモンを買いつづけていたら、ある日彼らが特別に燻製したサーモンをくれた。その味は、いま思うとくさやにそっくりだった。つくり方を訊いても、彼らは黙って首を振り、レシピは教えてくれなかった。その後、くさやについて調べた結果、非常に濃い塩水を含んだ魚自体のエキスに浸け、あの独特の風味がつくのだと知った。ネイティブアメリカンのサーモンも似たようなつくり方だったのでは、と推測している。

日本の伝統的な食べ物のなかで、私が苦手なものがあるだろうか？　豚肉や牛肉を使っているもの以外で。そう、ひとつある。納豆だ。どうしても好きになれないのだ。食べてみたことはある。乾燥納豆は大丈夫だった。けれど普通の納豆は？　無理だ。妻はほぼ毎朝、納豆を食べている。そのあといつも、私に納豆味のキスをするふりをして、私も身体を折り曲げて苦しむふりをするという遊びをしている。そう。私にだって食べられない物がひとつぐらいあってもいいだろう。

納豆は嫌いだが、豆腐は好きだ。アメリカではほとんどの人が豆腐を食べないし、私の家族も食べない。これは豆腐が一九六〇年代にはベジタリアンやマクロビオティックス関連の食べ物だとされていたせいで、「普通の食べ物ではない」と認識されているからかもしれない。アメリカで手に入るものがあまりいい豆腐ではないことが一因でもある。私が住んでいたポートランドでは、「太田豆腐」という店で日本式の豆腐が手に入った。太田豆腐はいまや創業一〇〇周年を超えていて、アメリカでももっとも歴史のある豆腐メーカーだ（サンフランシスコにはもっと古い中国式豆腐のメーカーもある）。私も日本や日本食に興味を持ちはじめるまえは、豆腐はアジア料理レストラン以外でそれほど食べなかったことを認めるが、太田豆腐のことは正当に評価せねばならない。

大学院でオレゴンにおける日本食の歴史を調べたときに、太田豆腐の歴史も調べた。太田豆腐の豆腐はそれ以前にも食べたことがあり、とても美味しいと思っていた。けれど現在のオーナーですら知らなかったような興味深い歴史が太田豆腐にあることを私は突きとめ、オーナーに知らせた。

一九一二年、岡山出身のふたりの兄弟によってポートランドで太田豆腐は創業され、その後すぐにもうひとりの兄弟も加わった。当時、日系一世の人たちを相手に豆腐を売る店は二、三軒あった。この三人の兄弟は大正時代の数年間、豆腐屋だけでなく、日本人街に住む人たちのために風呂屋も経営していた。かつて豆腐をつくるのに使っていた桶を浴槽に使ったのかどうかは誰にもわからない。現在は創業者である太田兄弟の子孫のひとりが経営を続け、現代的な機械を使って、七、八人の従業員が一日に約五〇〇キロの有機大豆を豆腐に変えている。

私がたくさん豆腐を食べるのは、人形町にいい豆腐屋があるせいだ。この数年で三軒が閉店してしまったけれど、まだ四軒残っている。お気に入りの二軒には、よく買いにいく。厚揚げや妻の納豆は甘酒横丁の「双葉」、木綿豆腐や焼き豆腐は「高柳豆腐店」で買っている。人形町に住みはじめてから最近まで、週に二、三回手押し車で築地の豆腐を売り歩いている人もいた。その人（男性のときも女性のときもある）は豆腐を売りにきたのを知らせるために、小さなラッパを吹いていた。以前は、この手押し車からときどき豆腐を買っていた。とくに美味しいからというより、江戸時代からの伝統の売り方が面白かったからだ。しかし悲しいことに、この歩く豆腐屋の歴史は人形町では終わってしまったようだ。

築地市場デビュー

三越やほかのデパートで買い物をするのはいまでも愉しいが、なんといっても築地市場にかなうところはない。築地の卸売り市場をはじめて見にいったのは、早稲田大学の日本語夏期講座に通っていた二〇〇五年の夏だった。朝早くに築地に行ったものの魚の競《せ》りは見られなかった。それでも、信じられないほどの数の魚が並べられているのを魅入られたように見つめた。とくにマグロだ。この年、ハーバード大学の人類学の教授テオドル・ベスターが書いた『築地』（木楽舎）が出版されていた。私は早稲田大学の図書館でこの本を見つけて、一回目は最初から最後まで、二回目はとくに面白かった市場の運営についてだけを読んだ。結局その後、この本は何度も読み返す貴重な資料となった。

市場で何が行われているか基本的なことがわかると、もう一度行くべきだと思い、同級生といっしょに出かけた。解体されたばかりのマグロの切れ端を試食してみろと差し出され、いろいろな部位をひと口ずつ食べてみた。まずは赤身、それから中トロを少し。そしてまだ不自由だった日本語で苦労しながら働いている人たちと話そうと試みた。その後、市場の場内にある鮨店のひとつに行った。カウンターで接客していたのは日本人ではなくフィリピン人の店員だった。この店も最近では、朝はだいたい一、二時間待たねば入れない。客のほとんどは外人で、みな市場の近くにあるこの店こそ、東京でいちばん新鮮な魚を食べられる鮨屋だと思っているのだ。

この二か月ほどの滞在のあいだに、もう一度築地に行った。このときは、ポートランドで一年前に知り合った日本人留学生の友だちと行った。このころには築地の場内で行われていることをずいぶん理解しているつもりだった。いま思えば、観光客、とくに外人よりは知っていたという程度で、私の知識はうわべだけのものだ。けれど友人を連れていって自分の知識を披露できるのはうれしかった。そしてこのときもまた市場を歩いたあと、朝食に鮨を食べた。当時、築地はまだいまほど人気の観光スポットではなかった。

修士論文を書いていたころ、神保町の古書街によく本を探しにいくようになった。神保町にある鮨店「ひげ勘《かん》」は、近隣の人に愛されている典型的な店で、大将のカトウさんはかつて総理大臣専属の鮨職人をしていた。カウンターに座り、飲み食いしているうちに、カトウさんやほかのお客さんとも仲よくなった。ある夜、そろそろカトウさんに「築地に行くときに、連れていってもらえないか」と頼んでみようと決心した。彼は快諾してくれて、翌日、土曜日の朝、市場の前で待ち合わせることになった。それまで場外では買い物をしたことがあったが、場内ではまだ何も買ったことがなかった。だから今日こそ、とひそかに期待していた。

カトウさんはこの日は買い物をせず、馴染みの仲買人《なかがいにん》たちに挨拶をして回りながら、二軒の仲卸店を紹介してくれた。私はそのうちの一軒で冷凍マグロを買った。以降、私はこの「堺周商《さかしゅうしょう》店《てん》」でいろいろな買い物をすることになる。こうして私は、ぽかんと口を開いて見ているだけの観光客から、市場の本当の客のひとりになろうとしていた。

たちまち頻繁に築地市場で買い物をするようになった私は、手はじめに鮭やメカジキ、それにもちろんマグロなど、よく知っている魚を買ってみた。いろいろな魚の名前や、旬はいつか、料理の仕方、いい魚とものすごくいい魚のちがいなども学んでいった。たいがいは本で知識を得ていたのだが、ＮＨＫの料理番組でも勉強した。見よう見真似で、さばき方や刺身の切り方も覚えた。

築地で魚を買うのは愉しいだけではなくて、スーパーや魚屋で買うよりずっと安上がりだった。

それにずっと新鮮でもある。外国人旅行者に日本の食事のいいところを訊くと、こんな答えが返ってくることが多い。

「野菜でも魚でも鶏肉でも、食材がみな新鮮なことじゃないかな」

牛肉や豚肉が含まれていないのは、熟成肉のほうが美味しいこともあるからだ。魚はどんなものでも、獲った日が一日変わるだけで味がぜんぜんちがう。それに築地の魚はスーパーで売っているトレイに包装された魚とは、見た目も舌触りも匂いも、まったく異なる。私にとって早起きして築地へ買い物にいくのは、オレゴンでやっていたサーモン釣りのようなものだ。ただし、築地のほうが確実に獲物を持ち帰れる。

築地市場場内への入場制限

二〇一〇年、築地の魚市場は西欧でもっとも人気の高い観光スポットのひとつになり、欧米人の行きたい場所ナンバーワンにも選ばれた。鮨が世界的に普及し、それに伴って築地市場が各国のテレビで紹介されるようになったからだろう。

しかし理由は何であれ、築地では旅行者の多さが問題になっている。勝手に魚に触ったり、手に取ったり、魚にキスをしている写真を撮る者までいる。市場で働いている人たちの道をふさいでしまう者もいて、とくにトラブルの多かった早朝の大型魚の競りは旅行者には公開されないことになった。これはまだ中国からの大量の旅行者が押し寄せていないころの話だ。直後には、観光客の規制が引かれ、競りを見学できる人数が制限されるとともに、見学者の立つ位置が定められ、場内エリアには午前九時まで立ち入り禁止となった。

ある日、先述の『築地』を書いたテオドル・ベスターと、市場が外国からの旅行者で混雑していることについてネット上でチャットした。彼は冗談めかして「僕の本のせいで混雑しているのならいいのだけど」と言った。

私は規制が導入されたあと、早朝の競りの様子を見にいった。やはり、大勢の旅行者たちが入場したくてやってきていたが人数制限のため入れない人も多かった。どうせ見られないなら、競りがはじまる早朝より、真夜中に駐車場に行ったほうが面白いのではないだろうか。ありとあらゆる方向からトラックがやってきては、魚の箱を下ろしたり積んだりして、またありとあらゆる方向へと去っていく。この荷物のなかには世界中からやってきたマグロも含まれているのだ。

私はいまも築地に買い物にいっているし、外国人だけでなく日本人を案内することもある。買い物をしない日や、見学者を連れていくときは午前一〇時以降に入場というルールに従っている（二〇一七年、規制が一時間繰り下げられた）。九時を過ぎると市場の外はとても混雑してくるし、朝の掃除をはじめる店もある（これは規制前よりも早くなっている）。だから買い物をするときには遅くとも八時には場内に入って、観光客がどっとやってくる前にすませるようにしている。

この入場規制のせいで小さな問題が起きるようになった。仕方のないことだが、私はいつも入口で警備員に止められるのだ。彼らが市場のルールと禁止事項を英語で書いた小さな紙を渡そうとすると、私は礼儀正しく、もちろん日本語で「見学ではなく、買い物にきたんです」と告げる。そうすると入れてもらえる。その一方で、中国や台湾、韓国などアジア人の旅行者は、買い物にくる日本人と見分けが難しいからだろう、止められずに入ってしまっている。

私はこんなふうにいつも止められるのが嫌になり、あるとき工夫をしてみた。市場に買い出しに来る料理人がみな持っている竹で編んだ買い物籠《かご》を合羽橋で買ったのだ。サイズは小さめのものにしたが。それを持ってはじめて市場に行ったとき、警備員は誰も私の顔を見ないし、声をかけてもこなかった。まるで私が日本人になったみたいだ。一度だけ、籠を見てから私の顔を見た警備員がいた。彼は驚いて目を大きく見開き、ぽかんと口をあけて、不思議そうにゆっくりと私を指さした。私は彼にうなずいてみせ、通り過ぎた。このときの彼の表情は最高だった！

築地へ魚を買いにいくときは、魚の血しぶきが飛んでくることもよくあるので汚れてもいい格好で行く。ふだん雨の日にしか履《は》かない古いナイキのスニーカーとくたびれたジーンズ。夏だったらショートパンツを穿《は》き、いちばん血がかかりやすい上半身は長年着こんだシャツを着ていく。けれど数年前の夏のある日、私は珍しく下ろしたてのTシャツを着ていった。市場にふさわしいと思ったからだ。

ポートランドのポスターアーティストで私の友人であるゲイリーが、「ホット・ツナ」というバンドのためにデザインしたTシャツをくれたのだ。ホット・ツナはアメリカのフォークブルースのグループで、メインのメンバーふたりは一九六〇年代にサンフランシスコでジェファーソン・エアプレインといっしょにサイケデリックロックのバンドをやっていた。このバンドのライブには数えきれないほど行ったし、最近は東京でも観た。

ゲイリーのイラストはツナ、つまりメバチマグロらしきマグロが大きく口を開けて泳いでいるまわりにカラフルな波と泡を描いていて、その下にバンド名「Hot Tuna」のロゴが入っている。ゲイリーはコンサートのポスター用にデザインしたのだが、バンドのメンバーが気に入ってTシャツにも使ったのだ。

ふだんはカラフルな服は着ないし、派手な格好はガラじゃないと思っているのだが、ある夏の朝、思いきって築地にこのホット・ツナTシャツを着ていった。すると予想どおりに、多くの人が「いいね」と言ってくれた。とくにマグロの仲買人たちはとても褒《ほ》めてくれた。みなバンドのことはまったく知らなかったと思うが。いまも毎年夏には一、二度このTシャツを着ていくけれど、もう最初のときのように驚かれはしない。

築地市場での買い物にはいつも自転車で

豆アジ一八〇匹!!

私は東京に住むことができて、幸運だと思っている。東京は、世界でもっとも食に恵まれている都市だと考える外人は多い。私もその意見には賛成だ。そして、東京での食文化を考えるとき、いちばん愉しいのはやはり築地での買い物なのだ。

自転車に乗って早朝に築地市場へ行くのが大好きだ。場内を見てまわり、その日の夕食用の魚と、さらに翌日の分の魚、それに冷凍庫にストックしておく魚も買う。行く前から買うものが決まっているときもあるが、魚を見てからその場で決めて買うことのほうが多い。魚の旬は頭に入っているので、どんな魚があるかは事前にだいたい見当がついている。

ある朝、築地に行こうとすると、妻から「豆アジがあったら買ってきてね」と言われた。豆アジというのは、単なる小型のアジのことだったか？　前に一度買ったことはあるが、調理したことはなかった。妻がなにか買い物を私に頼むときは、彼女が自分で調理することが多いので、まぁ、私が豆アジの調理法を知らなくても大丈夫だろう。

市場で通常の買い物をしながら、豆アジを探した。前に買ったあたりに行ってみたが見つからず、まわりの人に訊いても埒《らち》があかない。いったん豆アジを諦め、かわりにいつも行くマグロの仲卸に行って、マグロの柵《さく》を買った。支払いをして、竹の買い物籠にしまってから、ついでに「どこかで、豆アジを売っていないかな?」と訊いてみた。彼は三つ離れたブロックにいる仲買人にむかって、「豆アジはあるか?」と大声で訊いてくれた。

「あるよ」という答えが返ってきた。

はじめて会ったその仲買人は、小型の発泡スチロールの箱を取り上げ、蓋を開けて見せてくれた。四キロから五キロ分ほどありそうな豆アジが収まっていた。多すぎると思ったので、「この半分だけ売ってもらえないかな?」と訊いた。彼は「一箱全部でなければ、売れないな」と言った。こんなに大量の豆アジを買うつもりはなかったが、好奇心から値段を訊いてみた。「六〇〇」と答えたので、私は一キロ六〇〇円という意味だろうと思った。そう訊くと、彼は言った。

「一箱全部で六〇〇円だよ」

こんなお得な取引に、どうして「ノー」と言える? 私は買ってしまった。彼は豆アジを箱から出して、きれいなビニール袋に入れてくれた。買い物籠の半分はすでに埋まっていたので、とても入らない。私は片手で豆アジの袋を持ちながら、自転車を漕いで帰った。

妻は私が豆アジを見つけたことは喜んでくれたが、こんなに大量に買ってきたことに関しては少しムッとしているようだった。彼女は言った。

「すぐに下処理してね。そうしないと臭くなったり、傷んだりするから」

近所の誰かが、この大量の豆アジを少しもらってくれるのではないかと思っていた。

場内での買い物は何回行ってもわくわくする

しかし、不運なことに、ときどきお裾分けをしている人たちはみな家にいなかった。だから、妻に習いながらすべての豆アジのゼイゴをこそげ取り、内臓を取り出して丁寧に洗った。一八〇匹を全部ひとりで。一時間半近くかかったが、私はやりとげた。

その夜、妻は豆アジの南蛮漬けのつくり方を教えてくれ、私に調理を任せた。アジフライもつくった。これで半分は消費した。そして、残りは冷凍庫に入れて保存した。

この日、私は学んだ。大量に何かを買うときは、どんなに値段が安くても、使い道をちゃんと考えてから買うべきだと。

そう、築地での買い物に唯一残念なところがあるとしたら、少人数の家庭で食べるには量が多すぎることだ。新鮮な魚だとなおさら困ってしまう。冷凍マグロや冷凍カジキは問題ない。サケも問題ない。買った日に調理しないなら、味噌漬けにすればいい。

カツオを買うときは半身を買い、自宅に持ち帰ってガスバーナーで表面を炙《あぶ》る。七輪と麦藁があったら、本場土佐造りよろしくタタキをつくれるのだが、マンションに住んでいると現実問題として無理だ。

なかなか買えないのはブリやスズキ、カンパチなどの大型魚だ。パーティをする予定でもないと難しい。普通に自宅で二、三人で食べる場合は、一尾まるごとではなく切り身を探すほかない。

常連ならではの僥倖《ぎょうこう》

よく場内へ買い物にいっていると、しばしばここでしか味わえない経験をすることができる。いつもの店にマグロを求めにいったときにも、そういうことが数回あった。たとえば、ある朝「マグロのスペアリブはいらない?」と訊かれた。マグロのスペアリブと言われても、私には何のことかわからなかった。すると店主が冷凍庫を開けて、骨付き肉の塊をふたつ取り出した。どちらも私の片腕ぐらいの大きさがあり、真ん中で肘《ひじ》のように曲がっていた。マグロのカマ、つまり首の部分だった。見たことがない大きさだった。私はどうにかしてそれを包み、ほかに買ったものといっしょに自転車に積んで、家に持ち帰った。

その夜、教えてもらったレシピどおりに塩を振り、オーブンで焼いた。幸い、うちには大型のオーブンがあるが、もしなかったら、どう調理していいかわからなかっただろう。けれど正直言って、このカマはひとつでさえ妻とふたりではとうてい一晩で食べきれなかった。ほぐした身でパスタをつくったりして、数日かけて食べ切った。もうひとつは冷凍しておいた。

一二月の終わりのある日、正月の準備にマグロを買おうと店に寄った。いつもはふたりで食べるのに扱いやすい冷凍マグロの柵しか買わない。仕事納めまであと二、三日という時期でもありとても混んでいて、ふだんは店に出ていない家族の人たちも働いていた。私は中トロと赤身を合わせて一・五キロぐらい買いたいと言った。一月二日に妻の家族と過ごす恒例の新年会があるので多めに必要だったのだ。とくに、一〇代の甥と姪が大好きなのをわかっているから。店主は尾の部分を冷蔵庫から取り出すと、私に手渡し、自分は仕事に戻った。私はすぐに自分が何をするべきかを了解した。試食だ。水を張った樽につけてある細長いマグロ包丁を手に取ると、尾の部分から小さな切り身をふた切れ切り落とした。私が五〇センチ以上もある包丁で手早く魚をさばいたのを見たときのほかの客の表情は最高だった。試食したあと私は訊いた。

「これはインドマグロ?」

当たっていた。ちょうどよく脂がのっていて、とても美味しかった。店主は冷凍庫から大きな中トロの塊をふたつ持ってきて重さを量り、包んでくれた。それから彼は本マグロの赤身の柵もいくつか取り出して、量ったあとで包み、値段を言った。八〇〇〇円は少し高い気もするが、とてもいいマグロをたくさん手に入れられた、私はそう思った。

しかしこれで終わりではなかった。続いて完全に予想外のことが起こった。店主が別の冷凍庫を開け(店にはさまざまな魚を品質別に保存するための冷凍庫がいくつかある)、冷凍マグロの包みを引っ張り出して、私に手渡すと、にっこり笑ってこう言った。

「サービス」

刺身用などの質の高いマグロでないのはわかっている。けれどねぎま鍋にするには最適だ。家に帰ると、持ち帰ったマグロ全部の重さを量ってみた。四キロ近くあった。正月だけでなく、二月か三月までじゅうぶんにもちそうな量だった。

市場はつねに変化している。私はそこも好きだ。二日と同じことはない。つねに新しく見るべきものがある。新しい魚が入り、新しい人に出会う。それに善くも悪くも、ときどき忘れられないような光景に出くわす。

ある朝、場内を回っていた私は、氷の入ったケースの上に置かれたマグロの前で足を止めた。店主は七〇歳ぐらいの老人で、さまざまな魚の切り身を丁寧に氷の上に並べながら、もっとも魅力的に見えるように陳列していた。彼は煙草を口にくわえながらこの作業をしていて、ずっと灰が魚の上に落ちつづけていた。ああ！　微笑ましくもあるが、正直ショックだった。

場外の学べる乾物店

結婚してはじめての正月、妻からヒラメの昆布〆をつくるから昆布を買ってきてほしいと頼まれた。友だちと内輪の初釜《はつがま》（新年最初の茶事）を開くのだが、料理を手伝うことになったというのだ。築地でいろいろな種類の昆布を売っている店を見かけたのを思い出し、私は自転車に飛び乗った。

すぐに目的の店「寿屋商店」は見つかった。市場の手前の、新大橋通りから数本入った通りにあり、場外にしてはかなり広い店舗だ。私はまだたどたどしかった日本語で、何が欲しいのかを説明した。接客してくれた店員は私が探している「昆布〆用の昆布」をわかってくれた様子で、店の裏に入っていった。私が探していた昆布の束を持ってきて、必要な分だけ手渡してくれた。私は代金を支払い、家に帰って、ヒラメの昆布〆をつくるのを手伝った。実際に使った魚はヒラメじゃなくて、タイだったかもしれないけれど。

このとき以来、私は昆布や煮干しなどはいつも寿屋商店で買っている。何も買うものがないときも、店に寄って挨拶をし、「ダシ先生」とあがめる男性から学ばせてもらっている。

ある日、ダシ先生は昆布の表面についている白い点は昆布に棲んでいた野生の貝の痕跡だと教えてくれた。またあるときは私たち客数人に、珍しいタイプの煮干し、たしかイワシの煮干しを試食させてくれた。まず安いもの、そのあとに、もう少し高いもの、さらにもっと高いものと順に食べさせてくれるのだ。それから私たちに「味のちがいがわかるか?」と訊き、「わからないなら、無駄に高いものを買わなくてもいい」と言った。いいアドバイスだ。

ダシ先生の出汁《だし》についてのレクチャーを聞いていると、彼はときどき話を中断して私を指差しながら「ヘンなガイジンが」と言う。私はそのジョークを受けて、ほかの人たちといっしょに笑う。彼の商品に興味を持って、何度もやってくる外人はあまりいないのだろうと思いながら。

寿屋商店のダシ先生から渡された煮干しをかじる

各国のフードドライターやシェフを、この店にたびたび連れていった。日本の人たちはみな自分の知らなかった事実があることに驚き、外人たちは、何度も日本に、それも築地に来ているプロでさえ、とても感心していた。ダシ先生がいつもすすめる煮干しのまるかじり試食は断ることが多いけれど。

場外でもうひとつのお気に入りの店は、寿屋商店のすぐ斜《はす》むかいにある鰹節の店「秋山商店」だ。異なる種類の出汁を扱う店が近くに店を構えているとは、なんと便利なことか。この店が扱っているのは鰹節だけではない。宗田節、鯖節、それに鰹節と宗田節と鯖節をミックスしたもの。蕎麦つゆをつくるときに、いろいろな出汁の調合を試みていた私にとって、まさに欲しかったものだった。

築地市場の移転問題

二〇〇一年、東京都は世界でもっとも有名な魚市場である築地市場を、豊洲《とよす》に移転する計画を発表した。豊洲は築地からそれほど遠くはないが、現在の築地市場の利用者が毎日のように通うには不便だろう。板前や店主たち、とくに鮨職人にとっては影響が甚大だ。

築地市場の建物はたしかに古くなっているから、なんらかの対応が必要だとは思う。しかしなぜ完全に取り壊さなければならないのか。しかも一時出ていた案のなかには、約一世紀にわたる歴史的な市場の跡地をツアーバス用の駐車場にするというものまであった。私が話した築地の卸売業者たちは、移転をどうにもできないこととして受け止めていた。もう決まったことで、何をしても変えられないと。けれど、毎朝自転車で市場に通っている料理店の店主たちは、そんなふうには受け入れていなかった。

豊洲新市場の建設が進み、完成が近づいていくニュースを見ながら、やはり移転は避けられないと私は感じていた。アメリカには「役所には勝てない」という言葉がある。そう、これは結局、東京都の決定だ。

しかし、大きな変化が起こった。都知事が変わったのだ。

私は最初、小池百合子新知事が大きな変化を起こせるだろうとは期待していなかった。しかし彼女はオリンピックに使用する競技場にかかる費用について疑問を投げかけ、ついには既存の計画を中止した。また、豊洲市場の設計と建設を見直し、地下に汚染水がたまっていることや、仲卸店舗の幅が狭すぎてマグロをさばく長い包丁が使えないこと、建設中に承認なく設計が変更されていたことなどを突きとめた。

移転はもともと二〇一六年一一月に予定されていたが、その日がやってきて、過ぎ去ったいまも、まだ移転はしていない。私は、築地市場はなくならないかもしれないという希望を抱いた。

もしも私に決定権があるなら、まず築地の場内にある青果卸売市場を、豊洲新市場予定地に移転させる。それから築地の場内に残った仲卸店舗を一軒ずつ青果市場の跡地に移し、空いた店舗を順に改装する。すぐ近くの隣接した建物に移るだけだから、そんなに混乱はないだろう。そうすれば、新市場のある豊洲まで大勢の人たちが車で買いつけにいく必要はなくなる。豊洲に行くための地下鉄有楽町線は、すでに朝からとても混雑しているし、モノレール「ゆりかもめ」に乗り換えて二駅先の「市場前」まで行くのも面倒だ。しかも、ゆりかもめは車輌も小さい。

残念ながら、新市場にはすでに巨額の資金が投じられているため、私の案の実現は政治的に不可能だろう。先日、二〇一八年秋に豊洲へ移転するとの発表もあった。今後の事態の行方をただ見守るほかない。

（第4章）

ちょっと何処かで食べたくなったら

人形町の外食事情

私が住んでいる人形町には飲食店が数多くある。それが理由でここへ引っ越してきたわけではないが、住んでみると、とても便利なことがわかった。ほとんどはいい店で、特別な店もいくつかある。麻布十番や表参道、銀座によくあるような、気どった店はあまりない。男性がスーツとネクタイでないと入れない店もないだろう。あるとき、着物を着ていったのだが、まったく違和感を覚えなかった。やっぱりここは下町の真ん中で、どこか江戸の香りが残る街なのだ。

人形町に来てしばらく経ったあるとき、うちの近所にどれだけ飲食店があるか数えてみることにした。すぐ近くでも町名が人形町ではないことがあるから、住所ではなく、家から歩いて五分以内のエリアというくくりだ。信号待ちの時間は含まない。

結果は驚くべき数字だった。バー、喫茶店を含む飲食店が約七五〇軒もあったのだ。数え漏れているものもあるはずだ。ポートランドのかつての自宅の近くには、レストランが三〇軒以上あったかどうか疑問だ。とりわけレストランが多いといわれていた地域だったのだが。

人形町には昔芝居小屋があった。娯楽の盛んな地域に飲食店ができるのはどこの国でも同じだ。江戸時代や明治時代からの店もいくつか残っている。現在、地下鉄が四路線通り、大小あわせ多数の企業がひしめく人形町界隈では、飲食店はじゅうぶんにその役割を果たしているだろう。実際、この街だけでなく日本の外食産業全体を支えてきたのは、昼食どきと会社帰りのサラリーマンなのだ。

人形町に一〇年近く暮らすうちに、いろいろなところに食べにいったので、外で食事をしようというときに困らないだけの知識は蓄積することができた。どこの店に美味しい料理があり、予算はどのくらいで、ラストオーダーが何時ぐらいか。遅くまで開いている店はどこか。たとえば明太子ポテトサラダのような変わったものを食べたいときも、どこに行けばいいか知っている。たくさんある鮨屋のそれぞれの得意分野や、どこの店が煙草臭くて、どこがそうでないかも知っている。店に置いてあるビールの銘柄も、酒の銘柄も知っている。

人形町に住んでいると、いろいろなジャンルの店の主人と顔見知りになる。どこへ食べにいったらいいか迷ったとき、料理店をやっている友人以上にいい相談相手がいるだろうか。夕方の散歩をしていて、偶然会ったそうした友人に「これからちょっと食事に行くところなんだ」と声をかけられたことは何回もある。そしてこう言われることが多い。

「ひとりで食事したくないからいっしょに行ってくれない？」

こういう偶然の出会いがなかったら知ることがなかったいい店がたくさんある。

ある夜、贔屓《ひいき》の店のカウンターで、人形町での外食がどれだけお得かという話を妻としていた。

ほかの町の料理店と比べたらほんとうに安い。我々の会話を聞いていた店主が言った。

「人形町の店はみな、質がよくて安くなければやっていけないんだよ。そうでなければ地元の客が来ないから」

人形町には、経費を使えるサラリーマン向けに、東京の最上級の高級店よりさらに贅沢な店もいくつかある。けれどそんなところは片手で数えるくらいだ。平均すれば、上限でもひとり一万円ぐらいだろう。私が行く店の場合、妻とふたりでもそんなにはかからない。

私は飾らない人形町が好きだし、この町の料理店が好きだ。ここの人たちは見ための見栄より、料理そのもののことを考えている。地元の料亭で夜の仕事を終えた芸者たちが並んでラーメンを食べているなんて光景は、ほかのどこで見られるだろう。

「酒喰洲《しゅくず》」を発見！

人形町に引っ越してすぐ、家の近くの静かな路地で、毎日午後と夕方に鮮魚を売っている小さな魚屋を見つけた。戦後すぐに建てられた、小じんまりとした二階建ての長屋が並ぶ一角だ。この路地はもともと浜町川が流れていた跡で、川はずっと前に暗渠《あんきょ》になったのだが、当時の名残として、かつて川だった狭い路地に面して、どの家屋も玄関がある。この通りにはほかにも飲食店が数軒あり、魚屋と同じぐらい小さな店や、もっと小さい店も並ぶ。ほとんどの店は通りのむこうからちらっと覗いただけでは存在がわからない。人通りも、車を見かけることもないような路地にある小さな店なのだ。

最初に「あれ？」と思ったのは、いつも自転車で通るたびに店からジャズが流れていたからだ。妻と私はこの店を「ジャズ魚屋」と呼ぶようになった。魚は建物の前に出した冷蔵ケースと日除けの下に並べて売っている。店内に入らなくてもいいので、ドアのむこうがどうなっているのか、ずっと知らなかった。それから一年ぐらい経ったころに気がついた。この店は魚を売っているだけではなく、店内で酒やビールが飲めるということに。カウンターがあって、立って刺身や焼き魚を食べ、何か飲めるようになっていた。けれどいつも急いでいたし、とくに最初は、その場の光景にちょっと気後れして店内に入ることはなかった。

この店に入ってみようと意を決したとき、魚を買いはじめてから一年は経っていたと思う。ついに店内に入ってみると、肴や酒の質がよく、値段が安いことに驚いた。内装はおしゃれでもなんでもなく、木製のシンプルな馬蹄型のカウンターがあるだけで、そのむこうにある厨房では、店長である女性が刺身を切り、大将はそのほかの調理をほとんどひとりでやっていた。厨房の奥の壁には神棚があって、お多福人形が置かれ、すべてを見守っている。店長はこのお多福人形と自分が似ているのは単なる偶然だと言っているが、私はあやしいと思っている。天井は低く、緑色のガラスでできた大きなボール型の浮標（ブイ）や貝殻がついた網で覆われている。似たような浮標が、オレゴンの海岸によく打ち上げられていた。現代的なものといえば、小さなフラットスクリーンのテレビ二台ぐらいで、たいていはサッカーの試合や昭和の演歌の映像が流れ、部屋の隅にはこの店が紹介された雑誌やガイドブックが積まれている。

店内は、二〇人くらいが立っていられるかどうかという狭さだ。でも、ここの刺身はいつもうまいし、天麩羅、焼き魚、焼き野菜も日替わりで毎日愉しめ、手頃な値段の地酒もいろいろな種類がそろっている。一時は手打ち蕎麦《そば》もあったが、いまはない。私は週に一度ぐらい立ち寄っては、ビールか酒を一杯飲みながら刺身を食べる。自宅で食事しないとわかっている日はほかのつまみも食べる。

しばらく通っているうちに、この「ジャズ魚屋」の本当の名前が「酒喰洲」であることがわかったが、この名前がなかなか覚えられなかった。酒という漢字はなんとか「しゅ」と読めても、あとの二文字が難しかったからだ。名前を覚えたころには、週一度のペースで通うようになっていたので、店の大将と店長とは顔見知りになっていた。大将は北海道出身で、元はフランス料理店で魚のバイヤーを務め、その後は鮨屋をやっていたこともあるという。この店の魚の質がいつもいいのもうなずける。常連客の何人かとも知り合いになった。ポートランドでいつもいっしょにいた人たちと同じような人柄であることがすぐにわかった。ちがいは彼らが日本人ということだけだ。みな気さくで陽気なので、店全体の雰囲気が愉しい。私にとっては店内が禁煙なのも魅力だ。

酒喰洲に行くとたいてい顔馴染みの誰かがいるので、食べ物や天気やスポーツなどの話をする。つまり世界のどこでも酒の席で出やすい話題はほとんど話すということだ。

「何年生《なにどし》まれ?」と訊かれることも多い。

いまではこれはストレートに何歳かと尋ねられているのではなく、干支《えと》を訊かれているのだとわかっている。若い人たちといっしょにいたころは、出身のあとに「何型《なにがた》?」と訊かれたものだ。これものちに血液型を訊いているのだとわかった。

それほどかからずに、常連客のなかにかなりの、そう、二〇人近くの亥年《いのししどし》がいることが判明した。私と大将も亥年だ。そこで、我々のグループを「亥の会」と名づけることにした。誕生日こそみなちがうが、メンバー全員が一九三五年から一九七一年のあいだの亥年生まれなのだが、もしかしたら一九八三年生まれもいるかもしれない。このごく内輪だけのクラブを結成後、どんなクラブでもするようなイベントを催した。そう、パーティを開いたのだ。外でのバーベキューを数回、酒喰洲での日本酒パーティを二回開いたが、後者では亥年以外の人も参加オーケーだった。私がいちばん気に入ったイベントは築地の料亭「つきじ治作《じさく》」での夕食会だった。素晴らしい料理と酒がたくさん出たが、酒喰洲の大将が料亭の人たちと親友だったおかげで、特別価格にしてもらえた。

私は、酒喰洲を早い時期に発見できたことを誇りに思っている。通っているうちに、店の商売も少し変わってきた。隣の店だったところまで店舗を拡張したし、もう鮮魚は売らなくなった。けれどいまも昔と変わらずにいい店だ。ときどき雑誌に載り、その直後はいつもしばらくちょっと混みあう。私はこれまでにレストランを営んでいる友人を数人、酒喰洲に連れていったが、みなその後も通いつづけている。酒喰洲では、私以外の外人を見かけることはめったになく、隠れ家のような店が地元にあるのはうれしいことだ。

鉄道マニアの聖地、立ち飲み屋「キハ」

「キハ」という不思議な立ち飲み屋がある。こういうユニークな店はアメリカはもちろん、日本以外の国にはないんじゃないかと思う。日本人の友人に連れていってもらわなかったら、ずっと入ることはなかっただろう。堀留町《ほりどめちょう》のかなり静かな一角、路地を二メートルほど入ったところに入口がある。何か特別な理由でもないかぎり足を向けることはないような地味な路地だ。

入口の上にある看板をよく注意して見ると、キハがどんな店かわかる。カタカナで「キハ」と名前が書かれていて、ホームにある駅名の看板にそっくりなのだ。真ん中には「キハ」と書いてあり、両隣には漢字で「素面」「千鳥足」。それぞれローマ字で「Shirafu」「Horoyoi」とルビが振られ、方向を示す矢印も描かれている。私はすぐにこの看板の意味と、キハがどんな店なのかを理解した。電車バーなのだ。

はじめてキハに足を踏み入れたとき、かなり驚いたことを認めなくてはならない。こんな光景はいままで目にしたことがなかった。ドアの上の壁に貼ってある看板にはひらがなで「のりば」と書いてあり、私は笑ってしまった。「のりば」を英語で「loading place」というが、load にはぐでんぐでんに酔っぱらうという意味もあるからだ。カウンターのむこうには、鉄道の運転手の制服を着て制帽までかぶった人がいて、彼から飲み物を受けとるようになっている。カウンターの前の立ち飲み席には吊り革がぶら下がっている。満員電車のなかで乗客がつかまるアレだ。狭い店内には分厚い時刻表や鉄道の看板などがびっしりと飾られている。酒はカップ酒しかないが、日本中の銘柄がそろっていた。東京を離れずに日本一周ツアーをするクールなやり方だ。いや、日本一周地酒ツアーといったほうがいいのかもしれない。

風変わりな店だが、来ている客はごく普通の気さくな人たちだった。店員には女性もいたことがあるが、客はいつ行っても男性ばかりだ。もし鉄道に関して何かわからないことがあるときは、キハに行けばいい。ある夜、客のひとりが小さな改札鋏《ばさみ》を取り出して、自分の名刺を検札してから渡してくれた。その名刺は電車の切符そっくりだった。

キハの店内にある食べ物は、ほとんどが缶詰だ。魚の缶詰群が、カウンター上のかなりの面積を占めている。タイカレーの缶詰もあった。修士論文を書いていたとき、明治、大正時代に日本からアメリカに輸出されたさまざまな缶詰の注文書を見たことがある。横浜の海外移住資料館では、レプリカかもしれないが古い缶詰も見た。けれど日本でまだこんなにもたくさんの種類の缶詰が売られているとは、思ってもみなかった。

日本には鉄道をテーマにしたバーやレストランがあると聞いてはいたが、行ったことはなかった。そういう店では鉄道模型やジオラマを使って、飲み物や料理を運ぶという記事を読んだこともあるが、キハはちがう。キハは模型ではなく、本物の鉄道を愛する人たちのための店なのだ。アメリカにこういう店がないのは、日本のような鉄道文化そのものがないからだと思う。列車や鉄道による輸送は近代日本の発展にとても大きな役割を果たし、いまでもそれは重要だ。だから大人の鉄道ファンが集まって語り合えるキハのような店が生まれるのは、ある意味では必然なのかもしれない。メイドカフェより、ずっと健全に思える。

私が連れていったアメリカの友人たちはみなこの店を気に入って、多くが次に日本に来たときにも行きたがる。アメリカにはないユニークな店というばかりでなく、「鉄道ファン」という同じ興味を持つ人たちが集まる店だからだと思う。

電車のいちばん前に乗って、運転席をじっと見つめている少年たちを見かけると、彼らもいつかキハに通うようになるのかもしれないなと思う。

駐車場奥の秘境、「ニューカヤバ」

キハと同じぐらい興味深い店がもう一軒ある。茅場町《かやばちょう》の「ニューカヤバ」という居酒屋なのだが、キハよりさらに見つけにくいところにあるのだ。自転車で何度も前を通っていたが、そこが何なのかずっとわからずにいた。どちらかというと、隣のイタリアンの店「ウォールストリート」に気をとられていた。ウォールストリートは、まるでニューヨークにあるような歴史を感じさせる重厚なビルに入っている。二〇一一年九月に「ウォール街を占拠せよ」のデモが行われたとき、私は妻と、この店の少なくともスツールひとり分は占拠しようかと冗談を言ったものだ。

ニューカヤバが居酒屋だとわからなかったのは、外から見ると、単なる駐車場にしか見えないからだ。最初はディナーパーティで会った人に誘われて出かけた。東京にはこういうちょっと見ただけでは素性が知れない店がたくさんある。夜の営業時間になると、駐車場の前に「ニューカヤバ」「焼き鳥」と黒い字で書いた大きな赤提灯が吊り下げられるのだが、それでも、その奥に居酒屋があるとはにわかに信じがたい佇まいである。停まっている車のあいだをすり抜けて、ドアを開けてみるまで、ほんとうに店なのかどうか確信が持てない。

店内に入ると、左側のカウンターで料理とビールを頼む。刺身、〆鯖、漬け物、トマトのスライスなど居酒屋によくあるメニューが並んでいる。料理のほとんどは開店前にあらかじめつくられているようで、なくなっても補充はされない。焼き鳥などの肉類は生のまま串に刺したものが出てくる。それを店の奥にある大きな炭焼きグリルで自分で焼くのだ。手順をよく知っている人たちもいて、ある程度火が通ると、たれの入った瓶に串を入れて味をつけたりしている。肉を焦がしたり炭の上に落としたりしないよう、気をつけながら焼いている。

はじめて来たとおぼしき客が鶏肉を炭になるまで焼いてしまったり、串が熱くなって焼け落ち、肉を全部灰の上に落としてしまったりしているのを見たことがある。けれど一本一〇〇円なので、それほどの痛手ではないだろう。

店の真ん中には丸テーブルが五、六台あり、料理や飲み物を置くことができるが、自然と相席になる。椅子はひとつもなく、みな立って飲み食いする。グリルのむこうの突き当たりの壁にはバーカウンターがあって、その上には運河に向かって開く窓がある。この運河を北に行けば日本橋川、南に行けば隅田川につながっている。ここから東へ向かうエリアは江戸時代には霊岸島《れいがんじま》と呼ばれた地域で、いまは新川という町名がついている。

壁際には酒類の自動販売機が七台並んでいて、一〇〇円で麦焼酎、芋焼酎、蕎麦焼酎、泡盛、日本酒二種類のなかから一杯飲むことができ、カウンターで氷と水ももらえる。日本酒の販売機は冷酒か熱燗のボタンを押さないと注がれない。私には冷酒でもぬるく感じるのだが。一方、焼酎の販売機はコインを入れるとすぐに注ぎはじめる。つまりお金を入れる前にグラスを設置しておかないと、焼酎が無駄になってしまう。最近だけでも、数人がこのミスを犯すのを見た。

壁にはビールのポスターがたくさん貼ってある。その多くが昭和時代のビキニ姿の女性の写真で、商品のビールを持って写っている。この店でいちばん興味深いのは、酒の自動販売機の後ろの壁に釣り竿が二本掛けられていることではないだろうか。私は見ていないのだが、ときどき裏窓から釣りをする客がいて、潮がちょうどよくて、運もよければ、スズキが釣れることさえあるという。バーカウンターの上には、店主らしき男性が大きなマダイのような魚を掲げている写真が二枚飾られている。撮影場所は店内のようだ。けれど東京湾にマダイはいないし、隅田川にはもっといないはずだから、窓から釣ったものかどうかはかなりあやしい。


最近一年ぶりにニューカヤバに行った。最後に行ったときと何も変わっていなかったが、前より混んでいた。どうやらふたつのテレビ番組で紹介されたばかりだったようだ。おそらく六〇人ほどの先客がいたが、みな男性で、夏のことでもあり、ほとんどが「クールビズ」、濃い色のズボンに白いシャツというお決まりの服装だった。客の年齢は二〇代後半から六〇歳ぐらいまでで、大半は三、四〇代だ。テレビで見てやってきたような一見の客を見分けるのはさほど難しくない。スマートフォンでせっせと写真を撮る一方で、セルフサービスや片付けなどのやり方をよくわかっていないのが彼らの特徴だ。

近いうちに、ニューカヤバにまた行こうと思う。何か変化が欲しくて、焼き鳥を焼くのも、料理や飲み物を運ぶのもセルフサービスでかまわないときに。

江戸政での出会い

ポートランドからフードジャーナリストのマイケル・ズスマンが日本にやってきたとき、私は東京で彼を数軒の最高級レストランに連れていった。彼ひとりでも、ミシュランの三ツ星店「いしかわ」などに行ったようだ。

私を訪ねてきた人にはほとんどそうするように、マイケルも江戸政に案内した。彼は「かわ」を食べて、いままで食べたすべての食べ物のなかでもいちばん好きだと言った。江戸政の「かわ」は実に興味深い。調理の過程はまさに熟練技だ。串のまわりに厚い鶏の皮を巻きつけ、数分焼いてから、切れ目を入れて開き、たれに浸けてさらに焼く。

私の知るかぎり、江戸政の焼き鳥が美味《おい》しいのは、このたれの味に負うところが大きい。たれは有機体で生きているから、たっぷりと入っているアミノ酸と酵素が、はじめてつくられた約九〇年前からせっせと活動を続けている。毎週、新たなたれが足されてはいるのだが、いままでに一〇〇万本以上の焼き鳥が浸けられてきた結果なのだ。アメリカの居酒屋のシェフたちを江戸政に案内すると、彼らはたれのレシピをかならず知りたがる。私は何が入っているか知っているが、けっして言わない。言っても、ぜったいに再現できないから問題はないのだけれど。

ときどき店で、四〇年来の江戸政贔屓たちに会う。はじめて店に来て以来、記憶しているかぎり料理自体は変わっていないと彼らは言う。もっとも変わったのは客で、かつては相撲取りや年配男性ばかりだったそうだ。

ある夜、江戸政にいると、七〇歳ぐらいの女性がひとりでやってきた。近所では見かけない人だったので、ちょっと不思議な感じがした。女性は料理と飲み物を頼んでから、私と大将に話しかけてきた。江戸政に来たのは少女のころ以来なのだという。

「相撲の行司だった父に連れられて、ときどき来ていたんですよ」

私はそろそろ店を出なければならなかったので、残念ながら話をすべて聞くことができなかった。数週間後、壁に新しい白黒写真が貼られていた。そのなかで、まさに立ち会いの仕切りをしている行司こそ彼女の父親だった。

ここのところ江戸政の評判はずいぶん広まった。雑誌やテレビに出たせいもあるが、多くの人がグルメブログに書いた影響もありそうだ。以前は近所の人が立ち寄る程度だった土曜日も、開店時間である五時の三〇分以上前から行列ができるほどだ。平日は、六時ぐらいまでには「生」と「生」を焼いた「タタキ」以外すべて売り切れてしまうことも多い。最近は女性客でいっぱいな日も多いし、デート中の若いカップルもよく見かける。小さな子どもを見たこともあった。もちろん子どもは「生」は食べないけれど。

ある土曜日の午後の話だ。当時はまだ開店三〇分前から人が並ぶようなことはなかった。自転車で、もうすぐ行われる相撲のチケットを買いに両国の国技館へ行った帰りに、店が開いているのを見て、寄ることにした。開店時間より一時間ぐらい早かったので、ちょっと不思議だなとは思った。でも空腹だったので、いつもの場所に自転車を停めるとドアを開けた。すると店内ではカメラマンと編集者らしき人たちが料理の撮影をしていた。大将が私を見た。私がおずおずと「入ってもいいかな」と訊くと、彼は「大丈夫だよ」と言って、手招きしてくれた。焼き鳥のムック本のための撮影なのだそうだ。被写体である焼き鳥を試食している大柄な人物を私は知っていた。元大相撲力士の敷島関で、二か月前に会ったとき、彼は私の知り合いのバーでＤＪをやっていたのだ。

いまは陸奥部屋《みちのくべや》の浦風《うらかぜ》親方となった彼は、私のことを覚えていなかったが、ＤＪの話をしたら思い出したようだ。互いに自己紹介をして握手をし、そのあと彼がビールを注いで焼き鳥をすすめてくれた。編集者が撮影用にすべてのメニューを数皿ずつ大将に頼んでいていたので、元力士と私が食べる分はじゅうぶんにあった。撮影風景を見るのは面白かった。いつもの夜の営業をほぼそのまま再現しているのに、客はひとりしかいない。ただし、とても大きなひとりだが。

私はできるかぎりカメラを避けていたが、結局、ムックに使われた写真のうちの一枚に腕が写り込んでいた。

うまくて安い「歌舞伎そば」の想い出

歌舞伎座の裏に、小さな蕎麦屋を見つけた。その場所にふさわしく「歌舞伎そば」という名前だった。たまたま自転車で細い裏道を走っているときに通りかかって、さっそく入ってみた。店は狭く、カウンター席が一〇席ほど。メニューは、「かき揚げあり」か「なし」の温かい蕎麦と冷たい蕎麦だけで、券売機で食券を買うシステムになっている。数年のあいだ、私が行くといつも年配の男女が店をやっていた。おそらく、カウンターのむこうで麺とかき揚げを調理している主人が夫なのだと思う。彼は背が高くて痩《や》せていて、見たところ七〇歳は超えていそうだ。けれど厨房では、いつも眉根を寄せて暑そうな顔をして働いていたから、本当の年齢はわからない。妻らしきおかみさんは夫より少し若い。食券を受けとって、夫に大声でオーダーを伝え、客が座ると小さなコップに水を注いで出し、蕎麦を運び、皿を洗う。とてもシンプルで効率的なシステムで、外に行列ができているときも、滞らずに店は回っていた。客はみな、水を頼むとき以外ほとんどしゃべらない。店内で聞こえるのは、換気扇の音と客が蕎麦をすする音だけだ。蕎麦はとてもうまいし、値段も安い。それに店のインテリアがとてもユニークだ。私はランチタイムに銀座にいると、よくこの店へ行くようになった。

しばらく通ううちに、主人の健康状態がよくないことに気づいた。そしてある日、四、五か月ぶりに店に行ってみると、彼はもういなかった。店をやっていたのはおかみさんと、もうひとり別の女性だった。それから数回、行くたびに同じ状態だった。主人を最後に見たとき、ふだんよりつらそうだったが、私は気候が暑いせいかなと思っていた。彼の姿が見えなくなったのは、何か重大な病気だからではないかと心配だった。

それからまた半年ぶりぐらいに店に行くと、見たことがない夫婦らしき男女が店をやっていた。メニューは同じだったが、かき揚げが前とはちがっていた。入店を待つ行列は前より短いようだったが、ランチタイムではなく午後の遅い時間に行ったからかもしれない。

何があったのかを訊きたかったが、勇気がなかった。この店ではほとんどしゃべる人がいないからよけいに訊きづらい。詳しい事情はわからないけれど、おそらく前の主人は亡くなったのだろうと私は思っている。

浅草で贔屓にしている店

浅草には、日本の伝統的な料理を食べによく出かける。江戸時代から愛されている四つの料理、天麩羅、蕎麦、鮨、鰻がとくに多い。浅草にはほかのどこともちがう、とても江戸っ子らしい雰囲気がある。日本橋の江戸っ子らしさとは何かがちがう。浅草にある何がそうさせているのかはわからないので、うまく言葉にできないが、理屈ではなく、それが浅草の人々の雰囲気なのだと思う。とくに三社祭のあいだは、それを感じる。江戸からの味を守る名店が並んでいるせいだけでなく、地元の人たちが人生を、とくに食べることを愉しんでいるからかもしれない。

浅草で外人旅行者を案内していて昼食どきになると、「何を食べたい?」と訊いてみる。返事が「わからない」とか「おすすめは?」だった場合は、私が気に入っている待たされずに食べられて、注文が楽な蕎麦屋に連れていく。そこでは海老天せいろを食べることが多い。「天麩羅が食べたい」と言われたら、雷門から近い英語のメニューがある「三定《さんさだ》」に行く。

「大黒家《だいこくや》」というのはどういうレストランか、と訊かれたことが二回ある。店の前に長い行列ができているのを見て、どんなレストランで、ほかの店と何がちがうのか興味を持ったのだろう。私は答えた。「大黒家は天婦羅の店で、天丼が有名だ」

外人には、天丼はあまり馴染みがない。私はさらに「大黒家の天丼は、天婦羅に濃いたれがかかっていて、ちょっとヘビーかも。食べたあと昼寝をするか、ひと休みしたくなる」と言った。そう警告しても、食べてみたいという旅行者は何人かいて、実際彼らは天丼が気に入っていた。最近大黒家に行ったときは、連れはひとりだけだった。待つこと二〇分。その間、聞こえてきた言葉から推察すると、並んでいる人たちの半分は日本人で、残りの半分は中国人のようだった。大黒家の天丼の難点といえば、胡麻油の豊かな風味が濃いたれに消されていることだ。多くの外人はあっさりして風味の薄い天麩羅を好むが、私は胡麻油でカラリと揚げた風味豊かな天麩羅が好きだ。そしてそういうタイプの天麩羅でいちばん好きなのは「中清《なかせい》」だ。

中清は幕末から続く天麩羅屋で、胡麻油で魚介類のみを揚げるという江戸式の天麩羅を出す数少ない店でもある。天麩羅の種類は、車海老、穴子、キス、芝海老のかき揚げだけで、野菜はない。野菜といえば、漬け物と大根おろしだけ。そしてもちろんごはんもある。衣が厚いのは、中身をできるかぎり熱々に保つためかもしれない。私はかなり長く待たないと熱くて食べられない。たしかに私は猫舌だが、ほかの天麩羅ではこんなことはない。先日中清に行ったとき、店内を見まわしてみたら、客はみな地元の人たちのようだった。中清にも英語のメニューはあるが、外人旅行者は少なくともこのときはいなかった。観光客が多い雷門付近の喧騒とはちがい、とても静かで素敵な食事だった。

昼どきに浅草にいて「今日は鮨を食べよう」と決めたとき、問題は馴染みの店がありすぎてどこに行くか迷うことだ。浅草に住む食通たちからのおすすめの店が何軒かある。一方で新しい店を開拓したい気もする。どちらにしても、浅草の店の雰囲気や鮨の味にはいつも満足だ。

東京でも歴史のある鮨屋「弁天山美家古寿司《べんてんやまみやこずし》」はとくにお気に入りだ。私が日本ではじめて知った江戸前鮨を、いまもしっかり握っている店だ。松屋デパートから一ブロック離れたところにあった「魚がし鮨」にもよく行った。テーブルがふたつとカウンター席が八席か九席しかない狭い店だったけれど、安くて美味しいから好きだった。高級店ではないし、江戸前鮨でもないが、魚の質がよく、握りが一カン一〇〇円（タコ、イカなど）からマグロの大トロ四〇〇円までという値段も魅力だった。かつては月に一度ぐらい行っていた。ビールを一本飲んでも、二〇〇〇円いったことがない。店が狭くて席数が少ないのに、いつもすぐに座れた。思えば、相客が三人以上いたことがなく、残念ながら閉店してしまった。

浅草には私の好きな鰻屋「初小川《はつおがわ》」もある。この店は紹介してもらわなければ入れなかっただろう。その理由のひとつが、店の入口の壁に「sold out」と英語で書かれた張り紙がいつもあるからだ。日本人以外の客が来ないようにするためなのだろうか。はじめて行ったのは冬で、店の中心にある大きなテーブルに座った。テーブルの中央は囲炉裏になっていて暖かく、日本酒をお燗するのにも使われていた。

あの夜、私は際限なく日本酒を注がれながら、メニューに載っているものをすべて食べてみた。

このときはじめて、声を出さずに酒のお代わりを注文する方法を学んだ。ビール瓶や徳利を袴《はかま》の上に寝かせておくのだ。それ以後、ほかの店でもこのやり方を真似ているのだが、飲食店で働いている若い人たちには通じないことが多い。あるいは、まさか外人がそんなやり方を知っているとは思えなくて、瓶を倒してしまっただけだと勘ちがいしているのかもしれない。

初小川には、奥に畳の小上がりがあって、低いテーブルのまわりには座布団が敷いてある。できれば避けたい席だ。いまよりずっと若い二〇代半ばぐらいなら、ああいうテーブルの前にも座れただろう。膝や足首や腰が、やわらかくないと無理なのだ。私は日本に来たころには、すでに一〇分以上は正座できなかった。あぐらをかいて座ってもあまり変わりはない。脚が長いせいでテーブルからずっと遠くなってしまうからだ。日本人が長時間床に座っていられるのは、長年そうしてきたからだろう。なにせ私は四〇年以上、家でも車のなかでも、椅子に座って暮らしてきたのだから。

下町で食事をすると、畳に座らなければならない可能性がけっこう高い。行く前から、畳に座ることがわかっている場合は、家を出る前に入念にストレッチをしておく。それ以外のときはいつも賭けだ。たとえば浅草の「並木藪蕎麦《なみきやぶそば》」では、畳席か椅子席かは五分五分の確率だ。幸い、昼食なら蕎麦を食べるのに時間はかからないから、食事を終えても、あまり苦労せずに歩いて出られる。長時間、畳に座らねばならなくなったときには、一五分か二〇分おきに「ちょっとトイレに」と言って席を立つことで乗り切る。もちろん、トイレは口実だ。立ち上がってその辺を歩くことでしか、二、三時間畳に座って足がしびれるのを回避する方法がないのだ。

浅草にはいい店が、まだまだたくさんある。外人がめったにいない、浅草寺裏手の観音裏にはいい料亭も小さな居酒屋も何軒かある。リーズナブルでとても美味しいフグ料理の店「辻むら」もここにある。私にとっては、ミシュランの星を持つ、値段が二倍や三倍もする銀座や赤坂の店にも負けないぐらい美味しい。この値段のちがいはたぶん、浅草には自分の土地で代々商売をやっている店が多く、家賃がかからないせいだろう。

江戸時代から二〇〇年も続く駒形どぜうも大好きだ。どじょうをはじめて食べたのは、両国橋のたもとにある「桔梗家《ききょうや》」で、そのときは少し躊躇した。食材が何かわからなかったからだ。かなり泥臭くて、ほかの魚のような新鮮な匂いではなかった。しかし食べてみたら美味しかった。それ以来やみつきになり、今では三社祭の最終日に駒形どぜうの大広間で、ビールと日本酒を飲みながら朝食代わりに「どぜう鍋」を食べるのが毎年の愉しみになっている。

おしぼり、お通し、店主が消える立ち飲み屋

日本で食事をするときの愉しみのひとつに、おしぼりがある。レストランで席に着くとすぐに

渡されるアレだ。食事の前に手の汚れや汗を拭きとれて、ほんとうに気持ちがいい。外人旅行者といっしょのときも、冷たいものでも熱いものでも、濡れタオルで手を拭けるのは気持ちがいいとみなが口ぐちに言う。けれど、飲み物を注文したあとに出てくるお通しには、少し困惑するようだ。自分では頼んでいないし、食べたいものかどうかもわからないものに、あとで代金を支払わなければならないからだ。私も、はじめて日本に来たときは、たしかにこの習慣に困惑した。

私が行く店のなかには、とても美味しいお通しを出す店がある。うちの近くにある日本酒のバーでは、火鉢で炙《あぶ》ったタタミイワシなど、干した魚を出してくれる。私はそれを愉しみにしているし、お得な値段だと思っている。けれど、私が食べない豚肉を使ったお通しを出す店もある。別の品に代えてくれる場合もあるが、箸《はし》をつけずにキッチンに返すだけの料理に金を払わねばならないことも多い。とはいえ、お通しはおしぼりのように当たり前の習慣なので、文句は言わない。お通しのおかげで客はアルコールを飲みはじめる前に、何かをお腹に入れられるから理にかなっているとも思う。

私の知るかぎり、お通しを出し、それに料金がかかるのは日本だけだ。アメリカでハッピーアワー（夕方のサービスタイム）にやってきた客は、客寄せのために安くしたメニューとともに、ワンドリンクを頼まなければならないというのが一般的だ。そして多くのバーやパブでは飲み物といっしょにピーナッツやプレッツェルなど無料のスナックを出す。これはしょっぱいスナックを食べさせて、より多くの酒を注文させるための習慣だと私は考えている。

人形町の大門通りに小さな酒屋がある。創業は大正時代だという。このあたりは一九四五年三月の東京大空襲のときに風向きが変わったおかげで火災を免れたため、建物は創業当時のものだ。店主がひとりで、主に地元のレストラン相手に商売をしている。毎日夕方五時にはいったん店が閉まってしまうので、小売はほとんどやっていないに等しい。

けれど、平日にはその五時を過ぎると店のドアが開け放たれ、店内は本格的な立ち飲み屋に変貌するのだ。椅子がないので、みな立って飲まねばならない。だいたい毎晩二、三〇人ぐらいの客がいて、ほとんどは男性だが、ときどきひとりかふたり女性が混じっていることもある。たいてい、女性客は男性といっしょに来ているようだ。

飲み物は瓶ビールと生ビールと、一升瓶に入ったさまざまな日本酒。もちろん焼酎もあり、いろいろなもので割れる。ウィスキーもあるし、そのほかの酒もたぶんあるはずだ。つまみはスナックに限られている。乾燥した魚やナッツ、小袋入りのチーズなどだ。ときどき行っては瓶ビールを頼む。缶ビールより美味しいし環境に優しい。ちょっとビールを一杯飲みたいと思って立ち寄ると、その場で知り合った人がビールを注いでくれたり、日本酒をおごってくれることもある。安く飲めるいい店だが、煙草の煙が多すぎるのが玉に瑕《きず》だ。

ある夜、この店で飲みながら知り合いと話していたら、店の電話が鳴った。店主は酒の瓶を数本つかむと、「すぐ戻るから」と誰にともなく言った。そして車に乗ると、酒を飲んでいる二〇人の客を店に残して、走り去ってしまった。

私は信じられなかった。こんなことがあるなんて。店いっぱいの酒を、飲んだくれたちといっしょに置いていくなんて。けれどこれは本当のことだ。客たちは自分の酒を飲み終わると、店主が帰ってくるまで待っていた。私もそうした。一〇分ぐらいで店主が戻ってきたとき、店は元のままだった。ただグラスがいくつか空いていて、客が早くお代わりしたがっていただけだ。アメリカでこんなことをしたら、店主が帰ってくるずっと前に、店中が空っぽにされているだろう。

店を継ぐという伝統

最近、うちの近くで数軒の建物が改装中なのに気づいた。元はパチンコ屋と足袋《たび》屋、そして自動販売機が並んでいるだけの煙草屋だった。どうやら、レストランになるようだ。これを知ったとき、数年前に地元のレストラン事情についてふたりの人物が言っていたことを思い出した。

最初のひとりは地元人形町の天麩羅屋の主人だ。ある夜、妻とカウンターに座り、店主は天麩羅を揚げ、私たちはそれを食べながら話をしていた。彼がふと「人形町の食べ物屋は、あまり変わりばえがしないね」と言った。彼は住まいこそ日本橋ではないけれど、二〇年ぐらい前から人形町で店をやっているから地元の人といってもいいと思う。私は彼の意見にだいたいは賛成だったが、完全に納得しているわけではなかった。しかし、その言葉はすぐに忘れてしまった。

その数か月後、友人のゲイブが人形町のレストラン事情について、天麩羅屋の主人と反対のことを言った。ゲイブはポートランドの和風居酒屋「ビワ」の店主で、店で出す料理のアイデアを得るために二年に一度は東京にやってくる。彼はいつも日本橋周辺のビジネスホテルに泊まる。人形町だけでなく、浅草、門前仲町《もんぜんなかちょう》、銀座の大半のレストランにすぐに行けるからだ。日本に着いた日の夜、いっしょに食事に行ったときに彼はこう言った。

「このあたりは、前回来たときにはなかった店がたくさんできたね」

日本では新しい店が開店すると入口に花輪が出るので、おおよそは把握していたつもりだが、全体的な数にはそれほど注意を払っていなかった。けれど考えてみると、私がこのあたりに住みはじめてからどれだけの数の店がオープンしたことか。地元の人が経営していた店で、主人が引退したり亡くなったりして閉店したあとに、しばらくして別のタイプのレストランが開店するケースを一〇件以上は見てきた。

人形町に来てからの約一〇年でもっとも大きな変化は、フランス風のビストロと熟成肉を出すワインバーがやたらと増えたことだ。ゲイブが気づいたのもこれだと思う。私が人形町に引っ越してきた当初は、あちこちにスペインバルがあった。スペイン産のワイン、ビール、カクテルといっしょに小皿の料理「タパス」を出す小規模なレストランだ。タパスはスペイン料理のはずだが、実際にはわりと日本的な料理が出されている。私がときどき行く店が三軒あり、なかでもいちばん家に近い店にはかなり頻繁に行っていた。三軒のなかで、この店だけがいまもスペインバルとして営業しているが、ほかの二軒はフランス料理店と焼肉レストランに変わってしまった。

これまで見てきたことや知り得た情報から判断すると、最近できたフレンチビストロや熟成肉を出すワインバーは、日本橋周辺の住人ではない人や会社が所有し、経営している。私もそれほど長く住んでいるわけでないので断言はできないが、こういう店がいちばん開店と閉店を繰り返しているように思う。新しいレストランができるのは、いいことだ。けれどそういう店では、地元の人たちの姿を見かけることはほとんどない。彼らはずっと馴染んできた店を好むからだ。

フレンチやイタリアン、スペインバルやワインバーなどでは、私が目撃したような変化はあるものの、天麩羅屋のご主人の「人形町の食べ物屋は、あまり変わりばえがしないね」という言葉もたしかにそのとおりだ。人形町にはずっと変わらないように見える料理店が数多くある。こういう店は変化するにしても、少しずつ徐々に変わっていくのだろう。うちの近くには明治や大正時代にできた店で、三代目や四代目が、後を継ぐ予定の修業中の息子に手伝ってもらいながら経営しているようなところがたくさんある。三、四〇年、ご主人がひとりでやってきた店もある。こういう店は日本料理の店であることが多く、店内のつくりはかなりシンプルで、さほど高級な店ではない。私は外食に行くならこういう店がいい。料理は美味しく、値段も手頃で、店の人は気さくだ。人形町で長年営業する料理店がこれだけあるということは、そういう店の人がみな自分の店のよさをよくわかっている証だろう。

「成功しているものを、なぜ変える必要がある？」

そういうことだ。

それでも、後継者がいなくて閉店した店を数軒知っている。そのうちの一軒である鮨屋は、鮨は美味しかったし、料金も手頃だった。けれど私がこの店でもっとも好きだったのは店主だ。たぶん七〇歳ぐらいで、おかみさんは元浅草芸者だった。

私が妻と最後に食べにいったときに、店主が話してくれた。数年前に息子さんが亡くなり、継いでくれる人がいなくなったから店をたたむことにした。銀座で鮨屋をやっている友人も、息子がおらず同じように店をたたんだのだ、と。数か月後、この店はなくなって建物は取り壊され、マンションではなく素晴らしい一軒家が建てられた。この土地を売ることで店主の手にどのくらいの金が入ったのか知っているので、私はそのことには驚かなかった。

人形町に来てまだ日の浅かったころ、半世紀続いたレストランに貼ってあった閉店の知らせを見たとき、私はどうしてこの店の主人は店を売らなかったのだろうと思った。店主が店の二階か裏に住んでいても、商売自体を売れば、店が消えることはないし、引退生活を愉しめるぐらいの金も入るのではないだろうか。これは日本の税制に関係があるのかもしれない。それともみな引っ越しをするのが嫌なのだろうか。

その後、私はこう思うようになった。店は店主にとって、単なるビジネスや、生計を得るための手段ではなく、人生や人格そのものなのかもしれないと。よそからやってきた人が店を継いだら、それはもうちがうものになってしまう。

日本のように父から息子へと仕事を引き継いでいくのは、私には少し不思議な習慣に思える。もちろん、何世代も同じ事業を維持していけるというのはとても素晴らしいと思う。ただ、アメリカではあまりないことだ。あるとすれば農場経営ぐらいか。ポートランドでは、二代目がやっているレストランすら、すぐには思い出せない。繁盛しているレストランの店主が別の業種に鞍替えしたくなったら、店の権利が売り払われ、新しい所有者と経営者のもとで営業は続けられる。この移行がうまくいくときもあるが、新しいオーナーがダメにしてしまうことのほうが実際には多い。

アメリカのレストランの店主が世襲されないのは、アメリカ人が自立を好み、父親や母親と同じ仕事に就かなくてはならないという考えがないからだと私は思う。日本の人たちは、長い歴史を持つビジネスを所有することに誇りを持っている。私が知っているだけでも、日本橋にある明治五年（一八七二）創業の「吉野鮨本店」は四代目から五代目に引き継がれたし、享和《きょうわ》元年（一八〇一）に創業した浅草の駒形どぜうは六代目から七代目に代替わりした。もし私が鮨屋やどじょう屋の長男だったら、喜んで仕事を教えてもらって、仕事を継いだだろう。けれど家業に魅力を感じられず、あまり好きではなかったら、それほど熱意を持てないかもしれない。

日本の料理店の多くが外部の新しいオーナーのもとで営業を続けないもうひとつの、そしてもっとも大きな理由は、客が店主と対面してカウンターに座ることが多いからではないかと思う。アメリカでもこのスタイルは普及してきているが、まだ日本料理やその影響を受けた料理の店にかぎられている。日本では客と主人が親しくなることが多い。だから、カウンターのむこうにいる主人が代わったら、店のほかの部分は変わらなくても、以前と同じようにはいかないのだ。アメリカでは、調理をしている人は客席からは見えない。客と店の人との接触といえば、料理を運んでくる人、パンを運び、水を注いでくれる人だけで、客が料理人の姿を目にすることはない。高級店といえども、これに支配人が加わるくらいだろう。

メニューを判読する

日本にやってきて、最初に学んだのはレストランのメニューを読むことだった。修士論文のための調べ物で、ほとんどが旧字体の料理名を読んでいたせいか、現在使われている新字体を覚えるのはそう難しくなかった。他人に頼らず自分の食べたいものを選べるようになるため、まずは食べ物に関する漢字を勉強した。ときどき読めないどころか見たこともない漢字に出くわすが、手書きでなければだいたいはわかる。メニューを読むのは妻よりは遅いが、ひとりのときや、外人と出かけるときは問題ない。

しかし、くやしいことに達筆な手書きのメニューだけは読めない。とくにわからないのはつづけ字や草書体で書かれているものと、日本酒の名前だ。それでも、レストランで出される料理があらかじめわかっていれば大丈夫だ。たとえばうちの近くに、カウンターの前に五、六席しかないこぢんまりとした割烹スタイルの店がある。店主であり、唯一の従業員である素敵な女性は七五歳かもう少し上かもしれない。すべておかみさんの手づくりである料理は美味しいし、値段も高すぎない。料理名はそれぞれ白い無地の紙にかなり達筆な漢字で書かれているが、この店にはどういう料理があるのか何度か来てわかっているから、だいたいは読める。ある夜、いっしょに店に行った日本人男性ふたりとゲームをした。紙に書かれた料理の名前を誰がいちばん正確に読めるかを競ったのだが、なぜか私が一等賞だった。

はじめてのレストラン、とくに旅行者に人気の浅草や築地の店に行くと、私はよく英語のメニューを手渡される。まずは、店側がわざわざ英語版をつくってくれたことには感謝しよう。翻訳がどんなにひどくても。しかし、私は英語版のメニューを渡されると、かならず「日本語版も見せてもらえますか」と頼む。その理由はふたつある。英語版はダイジェスト版であることが多いのと、英語に翻訳された料理名はアメリカ人の私にも理解できないことがしばしばだからだ。

ふたつのメニューを見比べると楽しい。ほとんどの場合、英語版には「旬の一品」も「本日のおすすめ」も載っていない。メニューが変わるたびに翻訳していられないからだろう。蕎麦屋のメニューでは、「旬の変わり切り」が英語のメニューから省かれていることが多い。たとえば柚子、新茶、胡麻、さらにはトマトまでが、風味を加えるために蕎麦に練り込まれているのだが、こういうメニューは英語版にはなかなか載っていない。日本語を読める外人はとても少ないので、何が省かれているのかわかりようもない。いたしかたないことかもしれないが、とても残念だ。
「手軽に鮨を食べたい」という外人たちをよく案内する店には英語のメニューがあるのだが、載っている魚の名前を見ても、何が何やらほとんどわからない。サーモン、マグロ、イワシなど世界的にもよく知られている魚以外は、アラビア語で書かれているのと同じくらいちんぷんかんぷんだ。

肉料理の場合、それぞれの部位が変なふうに翻訳されていると食欲が失せる。医学用語とか、もっと悪いと体の各部を表す下品な言葉を使って翻訳しているメニューを見たことがある。欧米のレストランのメニューに載っている内臓料理は、医学用語ではなく、料理用語で表わされている。たとえばアメリカ南部では、豚の小腸は「chitlins」だ（医学用語で小腸は small intestine）。さらに英語には、内臓全体を総称する「offal」という言葉もある。料理の名に解剖学的な名前が使われていないので、内臓そのものを想像してしまわずにすむ。

日本のメニューを英訳している人は、その食べ物に関する適切な訳語を知らないことが多いのだと思う。辞書には基本的な意味は詳しく書いてあるが、適切な言葉と不適切な言葉の区別は難しい。私の家の近くの串焼き店にその一例があった。あるとき友人と出かけて、日本語のメニューを見て注文したあと（私は焼き鳥にした）、英語のメニューも見てみた。そこには「pig rectum（豚の直腸）」と書いてあり、私はショックを受けた。もし私がふだんから豚肉を食べていたとしても、こんな名前を見たらぜったいに注文しない。日本語では「テッポウ」というそうだが。

私は何軒かのレストランのメニューの翻訳をしたことがある。お金のためではなく（お礼に食事や飲み物をご馳走になったことはあるけれど）、外人客を引き寄せることができれば店を助けられるし、外人が美味しい料理を食べられる店を増やしたいからだ。英語は母語だから、メニューにどんな言葉を使えば客の食欲をそそり、また美味しそうに思わせられるかが私にはわかる。たとえば豆腐は「tofu」で通じる。「bean curd（ビーンカード＝豆を凝固させたもの）」という言葉もあるが、一九六〇年代以降はアメリカでは一般的に使われていない。これは異例だが、「tofu」は一九三〇年代のポートランドの電話帳でもすでに使われている。

英語のメニューは面白いだけではなく、勉強になるので、日本語が読めない四人以上のグループで食事をするときは、英語メニューがある店に連れていく。自分で注文してもらえるし、手助けが必要でも最小限ですむからだ。私ひとりのときや、日本語を読める外人といっしょの場合は、翻訳がどんなにひどいかを確かめるために英語のメニューを見ることにしている。

外人がひとりで外食をすると

料理店でひとりで食事をしていると、ほかの客に話しかけられて困惑することがある。面白い人で話してよかったと思うこともあるが、ただ単に「なぜ外人がここにいるのだろう」と興味を持って声をかけてくる人のほうが多い。外人なら、日本に住んでいる人でも旅行者でも、みなこういう経験があるだろう。幸いなことに、よく行く人形町の店では店主や常連客の一部と顔見知りになっているので、珍しいものとして扱われないですむ。

行きつけの店でなく、客も私を知らないとき、こちらにやってきて話しかけてくる人は、だいたい同じことを訊き、同じコメントをする。一度ならず、女性からナンパもされた。悪い気はしないが、気まずいものだ。こういう問題のいちばんよい解決法はひとつ。知らない店にはひとりで行かないことだ。

人形町に住んで数か月経ったころ、ひとりでちょっとしたものをつまみながら飲むのにいい店をいくつか見つけた。そんなお気に入りの一軒に、立ち飲みのスペインバル「プランチャ」がある。たいていはグラスワイン一、二杯に、何かをつまむ程度だ。ここは客も店の人もみな親切だし、ほぼ一年中オープンテラスになっているので、煙草の煙にも悩まされない。

以前はバーをやっていたというこの店のママは、とても英語がうまい。週二回レッスンを受けている成果なのだろう。通りかかるとひと目で店内の様子が見えるためか、よく外人が入ってくる。ほとんどが一度しか来ない客で、仕事でやってきて近くのホテルに泊まっている。彼らもここが入りやすく雰囲気のいい店で、予想外に値段が高かったりする心配がないと感じているのだろう。外人がふらりとやってきたときに居合わせると、私も挨拶をして「人形町にようこそ」みたいなことは言う。ひとりで飲んでいるときに何度も話しかけてくる日本人のようにはなりたくないので、相手が話したがらないかぎり、会話は短くするようにしている。

このスペインバルに通う外人は、私以外にもわずかだがいる。ある年配の白人男性はいつもひとりでやってきて、誰ともしゃべらない。私より少し背が高くて、髪も大きな口髭《くちひげ》も白い。ある夜、私は声をかけてみることにした。彼がどんな人なのか知りたかったし、この店以外では見かけたことがなかったので、どんな用事で人形町に定期的にやってくるのか訊いてみたかったのだ。ふだんはあまり自分からは人に話しかけないのだが、この夜だけはぜったいに話しかけようと決めて、まずは挨拶をした。

話してみると、この男性はすぐ隣の日本橋に住んでいるイギリス人だとわかった。彼はイギリス人であることにとても誇りを持っていた。

「日本語は話せますか？」

私が訊くと、

「いや、話すのはクイーンズイングリッシュだけだ」

日本橋に一〇年近く住んでいるが、日本語はまったく話さないし、わからないという。

「以前、香港に三〇年以上住んでいたが、中国語はひと言も覚えなかった。だから日本語を覚える必要も感じないね」

そう言うと彼は顎《あご》を高くあげた。

私はこのときまで、こういうスノッブなイギリス人はフィクションの世界にだけ存在するのだと思っていた。間違っていたようだ。

このスペインバルでその後も何度かこのイギリス人に出くわした。私はいつも礼儀正しく「こんばんは」と言ってから、それまで話していた人たち、たいていは日本人の友人たちとの会話に戻った。私がこのイギリス人に挨拶をするのを見た友人たちは、「えっ、あの人と知り合いなの？　どんな仕事をしていて、どこから来た人なの？」と、すぐに訊いてくる。その質問に対しては、これが私が彼について知っているすべてなのだが、「イギリス人で、自分がいま住んでいる国の言葉を覚える必要はないし、覚えたいとも思っていない人」と答える。すると、なんとなく彼の話をあまり好意的ではない気分で続けることになる。すべて日本語で。わずか一メートルか二メートル先に本人がいるのに、彼は我々の話を一語も理解できない。

水天宮《すいてんぐう》のロイヤルパークホテルにたくさんの外人が泊まっているのも知っている。毎朝、「ニューヨークタイムズ」紙の国際版を買いにいくときに見かけるからだ。彼らはビジネスで単身東京にやってきた人が多く、日本人のクライアントや仕事関係の人と食事に行く。人形町でならだいたい、和牛を食べられる日山とか人形町今半のような有名店だ。居酒屋などのカジュアルな店に行くことは少ない。外人、とくにアメリカ人は、日本滞在中にはぜひ和牛を食べたいと思っているからだ。そして、それはそれで正しい選択だと思う。

ミシュランガイドに思うこと

『ミシュランガイド東京』をはじめて読んだとき以来、私は複雑な思いを持っている。英語版と日本語版の両方を読んでいるが、「どうしてもミシュランの星を獲得した店に行きたい」という外人旅行者を案内する際の参考書としてもっぱら使っている。近所の店が載っているか、新しく載った店に好きなところはあるか、などと読みながら愉しんでいることは認める。けれど『ミシュランガイド東京』は東京における広範な食事の情報源としては、あまりいいとは思えないのだ。

ミシュランガイドは世界的に高く評価されているし、ヨーロッパでは星を与えるのにとても高い基準があるのも知っている。フランスで三ツ星を獲得したレストランは、どこもとても素晴らしいはずだ。ミシュランは一九〇〇年以来の伝統を誇り、フランス料理に対する評価は間違いがない。けれど日本食はフランス料理とはちがう。フランス料理のエキスパートが日本にやってきて、まったく別物である日本料理を評価できるのだろうか。あるいは、ミシュランが日本人を使って日本料理を評価したとしても、その審査基準はフランスのものと同じように揺るぎないものなのだろうか。ミシュランガイド日本版の水準を、フランス料理以外の評価においてもフランス版と同じところまで上げることができる気が、私にはしないのだ。

最初の版『ミシュランガイド東京２００８』の英語版を読んだとき、私は二種類の文体が混在していることに気づいた。ひとつはもともと英語で書かれた文で、もうひとつはおそらく日本語から英訳されたような文だった。のちに、この版では、ヨーロッパ人三人と日本人ふたりの審査員が評価をしたという記事を読んだ。審査員はどんな人物だったのだろう。日本人ではない審査員に、日本の伝統料理の良し悪しを判断できたのだろうか？　ミシュランの評価システムを使えば、東京のレストランの総合順位をつけるのはわりと簡単な気はする。しかし東京の三ツ星レストランは、パリの三ツ星レストランと同等の水準にあるのだろうか？

この疑問を、オーナーシェフであり美食家でもあるヨーロッパの友人たちにぶつけてみた。彼らは全員「日本のレストランと日本以外の国のレストランを評価する基準はまったくちがうし、日本の三ツ星レストランのほとんどがヨーロッパの基準では同じ数の星を獲得できないだろう」という意見だった。けれど、これは日本食よりヨーロッパ料理にずっと馴染んでいる人たちの意見だ。『ミシュランガイド東京』の評価をしたヨーロッパの人たちも、こんなふうに文化的に偏っていた可能性はないだろうか。故意にではなくても、日本に長期間住んで食事をしてきたわけではないのだから、偏見を持たないようにするのは不可能だろう。

　実際の審査員がどういう人たちなのかという問題以外に、調査するレストランがどうやって選ばれたのかも知りたかった。はじめてガイドを読んだときにまず感じたのは、東京のある一部の地域に集中しすぎていて、まるでほかのエリアには関心がないようだ、ということだった。二〇一〇年版には渋谷区のレストランが二二軒、新宿区が一七軒なのに対し、港区が九二軒も載っていた。私の地元である中央区には星がついたレストランが六〇軒ある。けれどそのうちの五〇軒近くが銀座に集中しているのだ。星を獲得するためには、どれだけ賃料の高いエリアに店を開くかが重要なのかもしれない。高ければ高いほど、星を得るチャンスが増すのかと思ってしまう。

　個人的にミシュランガイドの信頼性を疑うようになったのには、別の大きな原因がある。少なくとも蕎麦に関しては、二〇一〇年から二〇一一年版に載っていた蕎麦屋が、二〇一四年版では載っていなかったし、「ビブ・グルマン」（コストパフォーマンスが高く上質な料理を提供する店）のカテゴリーにも含まれていなかった。東京だけでなく日本中の何百軒という蕎麦屋で食べてきた私の経験上、こういう質の高い蕎麦屋の味がたった二、三年で変わる、しかも悪いほうに変わることはあまり考えられない。店主がずっと店を仕切り、実際の調理もしていたなら、味が落ちる要素はほとんどないだろう。

試しに、私の手元にある東京の蕎麦屋のガイドブックに載っている店と照らし合わせてみた。『ミシュランガイド東京２０１４』には二一軒の蕎麦屋が載っているが、私が持っている蕎麦屋のガイドブックで紹介されている二一七軒のうち、ミシュランガイドにも載っていた店は五軒しかない。日本の蕎麦のエキスパートによって編纂された、東京の蕎麦屋を幅広く網羅している蕎麦ガイドに選ばれなかった店が、どうやってミシュランガイドにだけ載ることができたのだろうか。ミシュランガイドのもっと古い版も見てみたが、結果は同じだった。

一方で、ミシュランガイドのおかげでいいこともある。私はしばしば外国人旅行者からいっしょにミシュランに載っているレストランに行ってほしいと頼まれる。日本語は読めないが、自分の食べている料理をもっとよく知りたいと思っているようなタイプの人に多い。それに、実際レストランの店員とコミュニケーションを取れたほうが食事も愉しめる。

しかし困ったこともあった。ロンドンに住む裕福な男性で、日本の三ツ星レストランすべてで食事をしようと試みている知人がいる。幸運なことに私は彼に招かれ、東京のかなりの数の三ツ星レストランに同行することになった。そしてとても素晴らしい食事を愉しんだ。けれど三日続けて三時間から五時間かけて夕食を食べているうちに、もうひと口も食べられなくなってしまった。彼に同行する予定はまだあったのだが、翌日以降はキャンセルさせてもらった。こんなことになるなんて、自分でも想像していなかった。今回の日本滞在中に行くべきだった三ツ星レストランを三軒だけ残し、この知人は二日後ロンドンへ帰った。

私の知るかぎり、ミシュランガイドに載っているレストランのほとんどは素晴らしい店だが、日本人より外人に人気であることが多い。だからだろうか、外人旅行者たちは逆に、「グルメブログやミシュランガイドに載っている店ではなく、地元の人たちがいいと思っている店に連れていってほしい」とよく言う。

こういうときは、私はまず妻に訊いてみる。妻は料理に詳しいし、東京と京都のよいレストランなら、かなりの数の店で食事をした経験がある。それから日本人の食通たちにも意見を訊いてみる。フードジャーナリストの友人も多いのだが、彼らが挙げた店がミシュランガイドに載っていないこともよくある。

ミシュランの星は、人形町の夜空にはあまり似合わないと思う。星付きの店でご馳走すると言われて、まず断る人なんていないだろうし、三ツ星店はほんとうに特別だとしても。

こんな話を聞いた。ある焼き鳥屋にミシュランから電話がかかってきて、「おたくの店の写真を掲載させてもらえませんか？」と訊かれたという。これはミシュランがガイドブックに載せる承諾を得るときの言い方なのだが、さらに続けて「ただし条件があって、店で出す皿を上等なものに替えてください」と言った。店主は「それなら、ケンタッキーフライドチキンに電話するといいよ」と答えたという。ただでさえその店はいつもとても混んでいるので、私は店主が掲載を断ってくれたことを喜んでいる。

言葉の問題と店に行く順番

冗談ではなく、日本に食べるためだけにやってくる外人は近年かなり多い。二〇一三年に「和食　日本人の伝統的な食文化」がユネスコの無形文化遺産に登録されて以来、そうした観光客は明らかに増えていると思う。本場の日本食を食べたがるグルメな外人の人気ナンバーワンはなんといっても鮨だ。天麩羅や懐石料理も人気だし、焼き鳥とかたこ焼き、お好み焼きやラーメンをどうしても食べたいという人たちもいる。とくにラーメンは多い。そしてもちろん、彼らは居酒屋がどんなところかも見てみたいと思っている。

インターネットでレストランの情報はいろいろと得られるが、日本語が不自由な彼らはみな似たような店を選ぶ傾向がある。そういう店のほとんどはミシュランガイドに載っている。外人たちが限られた高級店にしか行かないのは、言葉の問題もある。食事に行って、店にひとりでも英語をしゃべれる人がいたと喜んでいる客のコメントは数知れない。

カウンター席に座って店主と話すのも愉しみのひとつだ。鮨屋でも、割烹でも、懐石料理の店でもそれは変わらない。料理をつくり、提供してくれる人と話すことが食事に大きな彩りを添えてくれるからだ。カウンター席というのは日本ならではのものだと思う。最近はアメリカのいいレストランでも、カウンター席やオープンキッチンを取り入れるところが出てきた。おそらく日本の真似をしたのだろう。

しかし残念ながら、日本の店でカウンター席に座った外人客の多くが、言葉の壁のせいで店の人とそれほど会話をすることができない。調理をその場で見られるのは面白いし、興味深い。けれど黙って見ているだけでは、まるで音を消して映画を見ているようなものだと思う。

そうした外人たちが遭遇するささやかな問題のひとつに、コース料理などで「満腹だから途中で断りたいが、どう伝えたらいいかわからない」というものがある。数人からこの手の話を聞いたことがあるし、インターネット上でもそういう発言をよく読む。飲み物の注文は比較的簡単なので問題ない。けれどもうじゅうぶん食べたから、これで食事を終わりにしたいというときに会計を頼む言葉がわからないし、会計を促すサインとして指で「×」をつくる日本の習慣も当然知らない。だからそのまま料理がどんどん出てきてしまう。あるカップルなど、もう帰りたくなってから一時間ものあいだ、四、五皿の料理が運ばれてきたのを我慢して食べつづけたという。店側も、外人は量を食べると勘違いしている場合も多いようだ。

あるとき友だちの知り合いであるサンフランシスコ在住の若い夫婦から、「日本滞在中に食事に行く店についてアドバイスをもらえないだろうか」という連絡があった。ふたりは「鮨をたくさん食べたい」と言っていた。日本に行くのははじめてで、今回の行き先を日本にしたのは鮨、それもサンフランシスコでいつも食べているようなものではない、本格的な鮨を食べたいからということだった。

ふたりが泊まっているホテルが偶然うちの近くだったので、ある夜、人形町の「寿司芳《すしよし》」に連れていった。地元の人たちがリラックスして飲み、食べ、しゃべっている店だ。とても気さくで、値段が安く、ご主人もお母さんもとてもいい人なので、私はこの店が好きだ。鮨は美味しいが、失礼ながら日本のトップレベルというわけではない。けれど、私が海外で食べたどんな鮨よりも当然ずっと上だ。三人分の会計は一万円ちょっとだったと思う。

私は、まずは日本の平均的な鮨屋から入って、だんだん高級店に移行していけば、より美味しく鮨を愉しめると説明した。最高級の鮨屋でばかり食べて、最上のワインばかりを飲んでいても、ほかと比べることができないので、それが本当に最上なのかどうかわからない。質も値段もいろいろな店の鮨を食べることで、ちがうスタイルや質の鮨に挑戦することができる。ミシュランガイドだけに頼っていたら出合えないことだ。それにお金も少し節約できる。

翌朝、ふたりを築地の場内卸売市場に連れていき、そのあと「築地寿司清《つきじすしせい》」に行って「鮨ブレックファスト」を愉しんだ。この夕食と朝食の二回、私はふたりに鮨の注文の仕方を見せて、鮨を箸で食べるのではなく、指でつまんで食べるやり方も教えた。

「せっかくだからいろいろな食事にトライしたほうがいい。鮨は一日に二回食べると、美味しいと思わなくなるからね」とアドバイスもした。ふたりは納得し、昼食は変化をつけて蕎麦か何かにしようということになったが、東京に滞在した数日間は、毎日夕食に鮨を熱望した。

私は、さらに二か所、彼らのために鮨屋を予約した。一軒目は、日本橋の吉野鮨本店で、どのくらい飲むかにもよるが、だいたいひとり一万円ぐらいかかる店だ。二軒目は人形町の「㐂寿《きず》司《し》」を予約した。ここはひとりあたりの予算が二万円ほどで、伝統的な江戸前鮨店のなかでも屈指の名店だ。東京最後の夕食には、日本に来る前に銀座にあるミシュランの星が付いている鮨屋を予約してきたとのことで、私のサポートは必要なかった。

ふたりは滞在中、たっぷりと鮨を堪能し、楽しい時間を過ごして帰っていった。そして段トツに値段が高かったであろう銀座の鮨屋での食事は、私がすすめたほかの店に比べたら、ちょっとがっかりする結果だったようだ。

月に一〇〇万円以上外食に使うスノッブな日本人

毎日昼も夜も高級レストランに通う日本人がどのくらいいるのか、私は知らない。けれどそういう人を数人は知っている。

もう一〇年も前だが、妻といっしょに、伝説の精進料理店「月心居《げっしんきょ》」の閉店記念パーティに行ったことがある。私にとってはとても珍しい体験だった。アメリカではこんなパーティはまずありえない。そして、この夜もっとも心に残ったのは、食後のある出来事だった。

参加者がひとりずつ立ち上がって、この店について何かひと言話しはじめた。

このときの私は、数時間前にポートランドから到着したばかりだったので、少し疲れていた。だから一〇〇人はくだらないゲストが、私が行ったこともないし、これから行くこともないレストランについて語るのを聞いているうちに、すぐに眠くなってきた。

と、ある女性が立ち上がった。彼女の言葉を聞くともなく聞いていると、私の眠気はたちまち吹っ飛んだ。五〇代後半の身なりがいいその女性は、「外食にひと月一〇〇万円以下しか使わないことは考えられない」と言ったのだ。

私は頭のなかで換算した。彼女が考えられないと言っている一〇〇万円とは、約一万ドルのことだ。私にとっては考えられない金額だった。ひとりの人間が一か月で、というより毎月、どうやったらそんなに大金を食事に使えるのか、想像もつかなかった。

こうして私は、日本にはひと月に一〇〇万円を食事代に費やすスノッブがいるのだと知った。想像するに、その大部分がワイン代なのではないか。毎晩少なくとも数万円はワインに使っているのだろう。私の経験からいうと、ランチでも頻繁に五〇〇〇円以上使うのはかなり難しいことだ。毎日夕食に二万円かけるとして、それを三〇倍すると六〇万円だ。このぐらいならまあ、想像を絶する数字ではないかもしれない。

ただ毎日そんな高級な店に行っていたら、すぐに飽きてくるのではないだろうか。それにそんなご馳走の連続にどのくらい身体がついていけるかわからない。

（第5章）

本当の鮨に出合う

一九八〇年代から九〇年代のアメリカ鮨事情

日本食に関するどんな本も、鮨について語らずには終わらない。

いまでは世界のどこに行っても鮨屋があるし、発展途上国も含む世界中の人が、実際に鮨を食べたことはなくても、鮨がどういうものであるかを知っている。断言はできないが、日本以外の国でもっとも知られている日本食は鮨なのではないだろうか。ラーメンも大都市に限った話かもしれないが、最近は世界中に広がっている。けれど鮨屋は、それ以外の日本食店全部を合わせた数よりはるかに多い。日本食といえばほとんどの人が鮨を思い浮かべるのだ。私も日本に来るまではそうだった。

二〇代からずっと鮨を食べてきた。旅行先で、たとえばシアトル水族館に行ったあとでも食べたし、カリフォルニア州モントレーの水族館に行ったあとも食べた。私は泳いでいる魚を見ると、鮨を食べたくなるのかもしれない。

一九八〇年代にアメリカで鮨が食べられるのは、日本生まれであれアメリカ生まれであれ、日本人が経営する店でだけだった。鮨を握るのも日本人だった。数少ない高級店を除くと、現在海外にある鮨屋のなかで日本人が経営している店はとても少ない。ポートランドでは韓国系の移民が経営する鮨レストランが数多くあり、アメリカのほかの地域でも、とくに東部の田舎町では中国系の移民が経営する店が多い。

私がもっともよく知っている街ポートランドでは、鮨を握っている人の大多数ではないにしても多くが、メキシコや中央アメリカからの移民（ヒスパニック系）で、彼らにとって鮨を握ることはほかのレストランで働くのと同様、特別な仕事ではない。日本人が経営する鮨屋もまだ少しは残っているが、鮨の人気が出て、どんどん一般化するうちに、日本人経営の割合は急速に減った。

一九八〇年代のアメリカの鮨は、まだ現在のような国際化したハイブリッドバージョンに変貌を遂げてはいなかった。一九六〇年代からある巻き鮨「カリフォルニアロール」を除けば、鮨はアメリカを訪れた日本のビジネスマンが日本の味を懐かしんで食べるものだった。日本の鮨と同じレベルのものがあったのかどうかわからないが、ちゃんとシャリの上に魚がのっているか、外側に海苔を巻いた小さな巻き物という伝統的なスタイルでつくられていた。外側にシャリがくる「裏巻き」スタイルが出てくるのはまだ数年後のことだ。

私は鮨が好きだったが、二〇代はそう頻繁には食べてはいなかった。とても値段が高かったからだ。人気が出るとともに鮨を出す店が増え、外食での鮨の値段が下がりはじめた。そして一九九〇年代には、私でも月に一度や二度は食べられる価格帯に落ち着いてきた。

当時、金曜日の夜のデートで、よく鮨を食べにいった。たいていはポートランドの旧日本人街にある店だ。私はいつも握りスペシャルと巻き物、といっても鉄火巻きやかっぱ巻きのような昔ながらのものをひとつかふたつ、それに天麩羅を少しと味噌汁を頼んでいた。ガールフレンドはいつも鮨と、メニューに「pork cutlet」と書かれたトンカツ。それに、ふたりでキリンビールを一、二本あけるか、日本酒を飲むかしていて、日本酒はいつも熱燗だ。

料理はかなり美味《おい》しかった。少なくとも当時はそう思っていた。それだけ食べたり飲んだりしても、ふたりで三〇ドルから四〇ドルとそんなに高くはない。日本酒はカリフォルニアでつくられた「月桂冠」が多く、悪くはないがまあまあという味だったけれど、私たちは日本食のときには日本酒を飲むべきだと信じていた。

自分の食べている鮨についてよくわかっていなかったし、食べ方も知らなかった。いつも箸《はし》を使っていて、指でつまんだことはなかったし、醤油には大量にワサビだと当時まだ信じていたものを投入していた。アメリカにはワサビがなかったため、緑に着色したホースラディッシュが代用されていたのだ。

店のテレビではいつも相撲の映像が流れていた。相撲のことは鮨よりさらに知らなかったけれど、愉しんで観ていた。将来、日本で本物の力士といっしょに食事をすることになるなんて想像もしていなかったけれど。

アメリカ人もマグロ好き

二〇〇〇年ごろ、ポートランドでお気に入りの日本料理店を見つけた。タニさんという日本人が経営していて、鮨だけでなくほかにもいろいろな日本料理を出す鮨居酒屋みたいなところだ。タニさんとは友だちになり、ときどき閉店後にビールや焼酎を飲みながら、おしゃべりをして過ごすようになった。

ある夜、私がカウンターで飲み食いしながらタニさんと話していると、アメリカ人の女友だちが、男性といっしょに入ってきて私の隣に座った。友人はそのアメリカ人の男性を紹介してくれた。鮨レストランのコンサルタントとして、新規開業や営業中の店の改善のためのアドバイスをしているという。おたがいに話しながら、私は何品か料理を、ふたりは鮨を食べていた。この店で私はいつも「アメリカ人は、マグロを頼む傾向がある」と観察していたのだが、果たして彼らはマグロを注文した。出てきたのは、メバチらしい赤身だった。鮨コンサルタントは自分の前に置かれた鮨を見て、ひと口食べてから、店中の人に聞こえるような大きな声で言った。

「いいマグロだ。この赤さを見れば、脂がのっているのがわかるよ」

私は真実を伝える勇気がなかった。

アメリカの鮨事情をずっと追いつづけてきて最近気づいたのは、少なくともポートランドでは「持続可能鮨《サステナブル》」、つまり天然でも養殖でも、絶滅の危機に瀕《ひん》していない魚だけをネタに使う鮨が流行ってきているということだ。「持続可能鮨」では、鮨ネタとしてアメリカで一番人気のマグロの代わりにビンチョウマグロやホタテの貝柱、カニやエビ、オヒョウやサーモンのような自然界に豊富にいるとされている魚介類が使われる。サーモンはもうたくさんいると私には思えないが、少なくともビンチョウ、オヒョウ、そしてサーモンは地元で獲れるものだ。

「持続可能鮨」を食べようと思う人にもマグロの人気は高いので、サンフランシスコではトマトをマグロのような味にする方法が発明された。きっとトロではなく、赤身のような風味ではないかと思うが。

「持続可能鮨」というアイデアはとても立派だと思う。けれど将来魚が絶滅するとしたら、それは乱獲ではなく地球温暖化による海水温の上昇が主な原因のはずだ。すでに海水温の上昇により、多くの種類の魚の回遊や産卵の状況が変わってしまっている。

私が乱獲を心配している魚は、天然の鰻とメジマグロの二種類だけだ。しかし、いまのところは、目の前にどちらが出されても喜んで食べるけれど。

日本に来たら鮨、鮨、鮨！

私がはじめて日本の鮨屋に行ったのは、最初にフミコに会いに日本に来たときだ。彼女が住んでいた東日本橋界隈にあるごく普通の鮨屋に連れていってもらった。こんなに美味しい鮨は食べたことがない、と思った。とにかくネタが豊富で、鮨にはこんなにも多くの種類の魚が使われているのか、とただただ驚いた。ほとんどが知らない魚ばかりで、はじめて口にした本ワサビが最高だった。

結婚して日本に住むようになり、「とにかく鮨を食べたい」とまず思った。そもそも鮨は好物だし、手に入りやすかったし、値段も手頃だった（少なくとも私が食べていたものは）。それに日本料理といえば鮨しか知らなかった。日本にはじめてやってきた外人が鮨を食べたがるのは、みな私と同じような理由だと思う。当時、毎日昼には鮨を食べていた。テイクアウトできる鮨屋やスーパーでネギトロなどの巻き物を買うか、近所の魚屋で毎日つくられているちらし鮨を買うかだ。修士論文を書いていたので、家で作業をしながら食べられる鮨は便利だった。

人形町には鮨屋が多い。以前数えたら、歩いて四、五分以内の範囲に約四〇軒あった。そして、都心のほかの繁華街よりも値段が安い。とくに銀座とは大ちがいだ。天麩羅もある「あき」など、一〇〇〇円前後のランチセットを用意している店が多い。それなのに、私はこの数年は鮨ランチには月に一、二度しか行っていない。むしろ、夕食に鮨屋へ行くようになった。近所の寿司芳や小舟町の「たぬき鮨」のような、いつも夜は常連客で埋まっている店に妻と足を運ぶ。けれど誕生日など特別な日には、ひとり一万円以上かかる高級な鮨屋に行くのも好きだ。日本橋の吉野鮨本店では、月に一度ファンの友人たちと歌舞伎役者の片岡亀蔵さんを囲む会がある。食通かつ歌舞伎通ばかりが集まるとても愉しい会だ。

日本に住む前は、日本人は鮨を週に三、四回は食べるのだろうというイメージがあった。けれど現実は全然ちがった。とくに子どものいる家庭では高い鮨屋よりも、気軽な回転鮨に行くし、それもせいぜい月に一、二回というところだろう。私と妻もそうだが、みな刺身はもっと頻繁に自宅で食べているようだ。アメリカ人はそんなに刺身は食べないが、日本人より鮨を食べているのではないかと正直思う。少なくとも、私のまわりにはそういう人がかなりいる。

築地で鮨を食べるなら

私のグルメツアーにやってくる外人観光客には、ふたつのタイプがある。まずはシェフ、料理評論家やライター、レストランの関係者など、料理を仕事にしている人たちで、日本料理を食べて愉しむだけでなく、学ぼうという意識が強い。もうひとつのタイプは、単に美味しいものを味わい、愉しい経験をしたいという、いわゆるグルメと呼ばれる人たちだ。前者は、基本的にはさまざまな料理を食べてみたいとはいえ、焼き鳥、居酒屋、日本酒といった特定のものを目当てにやってくる。後者はもっと気楽な人たちで、ほとんどは高級レストランや高級鮨店で食事をすることを望んでいる。

どちらのタイプの人にも、ぜったいに行ってほしいのは築地だ。築地の魚市場は世界でもとてもユニークな場所で、日本に、とくに日本の食文化に興味のある人はかならず見るべきだと思う。私が連れていった客の半分ぐらいは場内を回ったあとに、鮨を食べたいという。おびただしい数の魚を見るとお腹が空くのだろう。日本人でも多くの人が、場内にいちばん近い鮨屋こそ、魚がもっとも新鮮だから美味しいと思い込んでいる。しかし、それは間違いだ。ほとんどすべての魚は、もちろんマグロも、美味しくなるのはしばらく熟成してからであり、新鮮であることだけがいちばんというわけではない。

たいていの外人観光客は、あらかじめガイドブックやグルメブログで人気の鮨屋を調べてきているので、席に着くまで一時間でも二時間でも並んで待っている。帰ってから友だちに、「築地のあの店で食べた」と話せるからだ。私は以前、この行列ができている鮨屋で食べてみたことがあるが、よく言っても月並みな味で、「鮨を手早くちょっとつまむにはいい店だ」としか思えなかった。

築地へいっしょに行った人が「鮨を食べたい」と言ったら、私が築地一だと認定している場外の築地寿司清に連れていくことにしている。東京でもトップクラスのある鮨屋の主人も、築地ではここが一番だと言っている。

私が主催するツアーのゲストは日本語が話せず、メニューを読めないことも多いので、注文を代わりにしてほしいと言われることが多い。顔見知りの鮨職人もいるけれど、築地寿司清には職人がたくさんいるので、知らない人にあたることも多い。そんなときは、私がアジ、イワシ、コハダなどの青魚を最初に頼むと、職人さんは一瞬手を止めてこちらを見る。どれも私の大好物なのだが、日本人以外で頼む人はほとんどいないのだろう。

外人泣かせのワサビ、醤油、箸の使い方

四〇代のはじめまで、私は辛くてスパイシーな料理を愉しんでいて、ほとんどの種類の唐辛子はそのまま食べられた。マイルドなハラペーニョから、「ハバネロ」という名前でも知られる強烈に辛い唐辛子スコッチボンネットまで、自宅の庭で栽培していたいろいろな唐辛子を使ってチ

リソースやサルサソースをつくり、料理に使っていた。だからはじめてワサビを食べたとき（あるいはワサビだと思うものを食べたとき）、これは日本版唐辛子《チリペッパー》だと思った。そして唐辛子とは、辛いほどいいものだ。ワサビが鮨に添えられている理由を知らず、メキシコ料理やタイ料理に添えられているサルサやチリのようなものだと思った私は、ワサビをたくさん食べるのは激辛のサルサを食べるのと同じように、男っぽくてかっこいいことだと考えていた。

当時、日本以外の国で出てくるワサビは、実際にはホースラディッシュをすりおろしたものを食品用の染料で緑に染めたものだった。たしか一九九〇年代に、オレゴンの中部沿岸の農場でワサビの栽培がはじまり、とても高価で通信販売でないと手に入らなかった。私はそれを使っているレストランを知らなかったし、家で食べようにも使い方を知らなかった。そのうちワサビ栽培農家がワサビを使ったドレッシングを数種類売り出した。私のお気に入りは「クリーミーワサビ」で、サラダにかけるだけでなく、ディルを加えてバーベキューで焼いたサーモンに添えたりした。しかし、この栽培農家はワサビを健康に育てつづけることができず、やがて廃業した。

日本にはじめて来たとき、ワサビのチューブをぜったいに買おうと思っていた。しかし、パッケージの文字が読めず、間違って辛子のチューブを買ってしまった。緑のワサビは当然緑の箱に入っているのだから、箱の色に注意すればよかったのに。私はもう一度店に行って、今度こそ緑色の箱入りのワサビを買った（だが結局、私は辛子も好きになった）。

どこへ行くときもワサビのチューブを持ち歩き、鮨だけでなく、あらゆる食べ物につけて食べていた。当時の私は、日本料理はどれも薄味すぎて、食べ慣れている西欧の料理のようなはっきりした味わいがないと思っていたのだ。七味唐辛子も発見した（これまで馴染んでいたチリやホットソースよりも辛かった）。けれど日本の香辛料のなかでは、やはりワサビがいちばん気に入った。当時まだワサビは新奇なものと考えられていたオレゴンに帰ってからも、それは変わらなかった。

外人にはワサビが多めの鮨が出されるという私の疑いは、あるとき、銀座の有名な鮨屋でその店の大将の前に座ったときに裏づけられた。その店で食べるのははじめてで、ニューヨークから来た友人といっしょだった。彼は日本がはじめてだったので、当然、鮨をできるだけたくさん食べたいと思っていた。席に座ると、私は日本語のメニューを手に取り、友人には店員から英語版のメニューが渡された。私は、鮨を握りはじめた大将とちょっと会話をしながら、日本語を二語しか知らない友人のために話の内容を通訳していた。それぞれ何カンか食べたところで、大将が片方の鮨にはもう片方より多くワサビを入れていることに気づいた。大将の指づかいを見たかぎりでは二倍ぐらいの量だ。私が気づくと同時に、友人が言った。

「僕の鮨にはワサビがたくさん入っているんじゃないかな。それとも、いつもニューヨークで食べているのとはちがう、本物のおろしたてのワサビだから刺激が強いのかな」

彼の言葉を聞きながらも、私は大将の手元に並んだワサビの量がちがう二カンの鮨から目を離さなかった。それぞれ友人と私のどちらに渡るのか。結果は予想どおり、ワサビの多いほうが私の隣に座るアメリカ人旅行者の付け台に置かれた。

このころには大将も英語で話していたので、友人は礼儀正しく言った。

「ワサビを少し減らしてもらえませんか?」

大将は喜んでそうしてくれた。

私は日本語のメニューを見て日本語で注文したので、大将はすぐに私が日本に住んでいる外人であり、大量のワサビより普通の量のほうを好むことがわかったのだろう。

鮨や刺身を食べている外人が、醬油皿いっぱいに醬油を入れて、そこに魚を浸している光景をよく見かける。そのたび、「この人は旅行で来ているんだろうな」とか「住んでいるとしてもまだ日が浅いな」と思う。魚がまだ泳ぎたいだろうと思ってやっているのか、いつもしている単なる習慣からなのかはわからない。刺身や握りには醬油はほんの少しで足りるとわかっている私も、かつてはたしかに同じことをやっていた。当時を知る友人によると、醬油皿になみなみと醬油を注ぎ、そこにワサビを大量に加えてよく混ぜ合わせたあと、鮨や刺身をどっぷり浸けて食べていたそうだ。私はそんなことはすっかり忘れていた。

アメリカでは日本人が鮨を食べるところを見たことがなかったから、何もわかっていないアメリカ人たちのやり方を真似ていたのだろう。いつからアメリカ式をしなくなったのかはわからない。たぶん鮨の食べ方を知っている人たちを日本で見て、食べ物を無駄にしないようになったからかもしれない。醤油だって食べ物だから。

醤油とワサビを使いすぎること以外に、箸の持ち方でも旅行者を見分けることができる。箸に慣れていない人たちは持つ位置が低すぎるのだ。真ん中あたりを持つか、先端に近いところを持っている。私ははじめからそんな持ち方をしていなかったと断言できるが、自己流で覚えた持ち方が日本のテーブルマナーには合っていなかったのは事実だ。ありがたいことに妻がそれを指摘してくれた。持つ指がちがっていたのだ。妻が正しいやり方を見せてくれたおかげで、日本人の友だち、とくにマナーを重んじる茶道を学んでいる友人たちとの食事でも、恥ずかしい思いをしないですんだ。

多くの旅行者にとって、毎食箸を使うのははじめての経験だ。だから、いっしょに食事をしている誰かが食べづらそうにしているときには、失礼にならないように気をつけながら、正しい箸の使い方を見せるようにしている。そうするとたいていはすぐにうまくなる。

ひとつだけどうにもならないのは、海外映画のなかで出てくる食事のシーンだ。鮨レストランなどの場面で登場人物の箸の使い方がまるっきりなっていないのを何度見たことか。あろうことか、鮨のエキスパートという設定だったりするのに！　その最たるものが『ＳＵＳＨＩ　ＧＩＲＬ』というアメリカ映画だ。犯罪者たちが再会するシーンで、裸の女性を舟盛りの舟の代わりにして鮨を食べているという忘れられない映画だ（あとで「女体盛り」というのを知ったが）。その映画のワンシーンでは、登場人物のひとりが、行儀悪く片手をだらりと下げて食べながら、別の人物を「鮨の食べ方を知らないな」と非難している。これはかなり面白かった。監督が意図したのとはちがう意味でだが。彼らがほんとうに鮨のエキスパートだというのなら、そもそもどうして指でつまむのではなく、箸で食べているのだろうか？

外国で食べられている鮨とは

私は毎朝、「チャウハウンド（www.chowhound.com）」というグルメ関係の掲示板で、日本料理に関するページを見ている。自分の知識で役に立てそうなときは、書き込むこともある。けれど、ほかの人の質問や回答を見ているのがいちばん楽しい。このサイトは英語で書かれた料理やレストラン全般の情報としてはベストではないかと思う。「チャウハウンド」とはグルメで大食漢な人物を指す言葉だが、書き込んでいる人たちが食べ物、とくに自分の国や地域の料理に詳しいところを見ると、ぴったりの名前だ。

私が見たかぎりでは、日本関連の掲示板の少なくとも半分以上、もっと正確にいえば三分の二以上が鮨の話で占められている。おすすめの鮨屋を尋ねる書き込みや、予約が困難な店はどうしたら予約できるかを訊く書き込みなど、実体験に基づく報告も多い。天麩羅、焼き肉、焼き鳥、ラーメン、蕎麦などについてもよく議論が交わされているが、断トツに書き込みが多いのは、鮨についてだ。

「チャウハウンド」に書き込んでいる人たちのなかには、ニューヨークやロサンゼルスで食べているのと同じ鮨を日本で探す人もいる。「フュージョン鮨」や、フルーツや野菜にドレッシングで味つけした「アメリカンロール」を食べたいと思っているのだ。ほかにも、欧米式の巻き物、とくに裏巻きを食べたがる人は多い。これは、伝統的な料理が国際的に普及するときにはありがちなことだと思う。

日本国外で働く鮨職人のなかには、日本のしかも高級鮨店で修業した人もいるかもしれないが、それだけでは本場と同じ鮨は握れない。日本の鮨はまったく別物だ。たとえ家の近くにある何ということもない鮨屋でも、海外の鮨とはまったく異なる。そもそも魚がちがう。それにレストランの経営は、その土地の客に合わせて味や見た目を変えなければ、うまくはいかない。だから海外でさまざまな鮨を食べてきた鮨ファンも、日本の鮨に近いものは食べたことがない可能性は高いのだ。それなのに、日本に来ていきなり高級な鮨から食べはじめるのは無駄でしかない。いったい何と比べるつもりなのだろうか。

あるとき「ジャパンタイムズ」紙に、ロンドンで懐石料理店を経営する日本人の記事が出ていた。かの地でこの仕事をはじめたとき、魚を仕入れようにもどれも鮮度が悪く、臭くて、とても店には出せないようなものしかなかったと語っている。さらに彼は、イギリス人たちはシェフでさえも、「魚っぽい味と匂い」がする魚しか好まず、魚が「魚っぽく」なるように何日か寝かせるシェフまでいるという。彼は数隻の漁船の乗組員に、鮮度と味を保つための「活け〆」の方法をみずから教えたという。この記事を読んで、ロンドンをはじめとするヨーロッパ各国の鮨はどうなっているのだろうかとあらためて考えた。

渋谷のハイテク回転鮨

オーストラリアから来た六〇歳ぐらいのある夫婦を東京案内したときのこと。ふたりとも日本に来るのははじめてだった。その日、午前中はかなり歩いた。まず新宿御苑を通り抜け、明治神宮に行って、原宿側に出た。それから原宿の街を行き交う人々や店を見ながら、何も買わずに表参道まで歩いた。ふたりは「昨晩は、しゃぶしゃぶを食べたよ」と言い、「もう日本に二週間近くいるけれど、まだ鮨を食べていないんだ」と付け加えた。翌日には日本を離れて帰国する予定になっていたので、いつもオーストラリアで食べているようなものでなく、本格的な鮨を食べられるのはこの日が最後のチャンスだった。

私は原宿、表参道あたりのことは本当のところよくわからない。明治神宮へ年に一、二度行くくらいだ。最後に行ったのは、甥のマイケルが東京に来たときで、裏原宿のアパレルブランド「A BATHING APE」の様子を見たがっていたのだ。私はそれ以来原宿には行っておらず、鮨を食べる場所を探そうにも、まったく見当がつかなかった。私は観光客であるふたり同様に行くべき場所を知らなかったが、ふたりとのちがいは日本語の読み書きができることだった。

二〇分、いや三〇分ぐらい歩きまわったが、鮨屋は一軒も見つけられなかった。実際、日本料理の店自体が一軒も目に入らなかったのだ。マクドナルドやクレープ屋、何か西洋のデザートを売っている店がほとんどだった。ヘルシーなものも、日本的なものも、大人が昼食に食べたくなるようなものは何ひとつない。私はこれまで、ありとあらゆるジャンルの料理の店がランチ営業している光景にすっかり慣れていた。地元の人形町でも、浅草、銀座、上野、神田、築地でも、私の行くところはどこでもそうだった。原宿の食文化があまりに特殊なことに私は衝撃を受けた。さすがに、渋谷に行けば鮨を食べられるだろう。原宿からJRに乗れば渋谷までたった二分だ。

渋谷もまた、めったに行かない街だが、たしか駅の近くに何軒か鮨屋があったはずだ。ハチ公口から駅を出るとすぐに交番が目に入ったので、近くに鮨屋があるかどうかを警官に訊いた。

「まっすぐ行って、三つ目の角を右に曲がったところにありますよ」

私は警官に言われたとおりの道順でオーストラリア人夫婦を案内した。すると一分ぐらいで、回転鮨チェーン店の看板が見えてきた。それほど素晴らしい店ではないが、安いのはわかっている。それに、オーストラリアに帰る前に日本で鮨を食べたいという彼らの望みを叶えることはできる。選択の余地はなかった。

店は混んでいた。客のほとんどは外人で、日本人は私の後ろのテーブル席に座っている幼い子ども連れの家族だけだった。ウェイトレスはメニュー兼注文用のリモコンを英語モードに切り替え、味噌汁のページを開くと、我々が自分でオーダーするように置いていった。夫婦はオーストラリアでは鮨を食べ慣れていたので、鮨屋に来てほっとしたようだったし、夫のほうは店のデザインとハイテク機器に感心していた。一般にオーストラリア人は鮨をかなり頻繁に食べるようだ。日本人より食べているのかもしれない。学校の給食に出てくるところまであるそうだ。その鮨がどのくらいの質で、どんなスタイルなのかは定かではないが。

オーストラリア人夫婦が先に注文した。まずはサーモン、そしてスパイシーツナロールがなかったので、エビ、玉子焼きなどを頼んだ。一方で私は、いつも鮨屋でしているように注文をはじめた。まずはアジやイワシなどの青魚だ。見たところコハダのような魚を頼んだ。英語では「Gizzard Shad（ニシン科コノシロ亜科の魚）」と書いてあって、奥さんのほうが鶏の内臓を思い出したのか、「なんだか美味しくなさそう」と言った（たしかに、Gizzardというのは鳥の砂肝に使われる単語で、魚の名前としては美味しそうには響かない）。ベルトコンベアに載ってこの鮨が運ばれてきたのを見て、やめればよかったと思った。シャリの上に置かれた魚は薄く、乾いていて、冷蔵庫に長く入れすぎたように見えた。

回転鮨だって美味しい店は存在するが、この店は、私がそれまで日本で行ったなかでも最悪の鮨屋だった。けれど想像以上に多くの外人にとっては、この店はまるで自分の国で鮨を食べているように感じられるらしい。ちがいといえば全部自動化されていることだけ。iＰａｄのメニューやベルトコンベアを写真に撮っている人がたくさんいたし、たしかに外国と比べればかなりハイテクだろう。正直美味しくはなかったけれど、この店にはもう一度行って、店の様子や客の様子をもっとよく調べてみたいと思った。なぜこれほど外人だらけで、彼らに人気があるのかを知りたかった。


二か月後、そのチャンスが訪れた。歌舞伎役者の片岡亀蔵さんが渋谷のシアターコクーンで公演することになったので、妻と待ち合わせて観にいく前に、あの店で遅い昼食を取ることにした。そして今度はメモ帳を携えていった。

店に着いたのは午後三時だったが満員だった。一五分ほど待たされてから、カウンター席（そう呼んでいいのかどうかわからないが）に通された。前回は三人でテーブル席に座ったが、今回はひとりなのでベルトコンベアが目の前の席だ。案内した若い女性店員は、すぐにメニューを日本語モードから英語モードに切り替えた。彼女とは日本語でしか話さなかったのにだ。アジア人以外の客には、何も考えずに英語モードにしているのだろう。彼女が去ると、私はすぐに日本語モードに戻した。このほうがわかりやすい。

最初、私の隣の席には英語を話す若いカップルが座っていた。アクセントから、というよりアクセントのない英語を話しているから、おそらくカナダ人かアメリカ人だろう。私が座ったときにはほとんど食事を終えていて、彼らが立ち去った席には、太巻きの中身だけを食べたのだろう、皿の上に海苔だけが残されていた。海外で裏巻きが人気なのは、海苔を使っていないように見えるからだと聞いたことがある。外人には黒い色をした海苔を食べるのに抵抗がある人は多い。そしていま、その実例を目の当たりにしたというわけだ。

今回は面倒をみるべきゲストがいないから、心置きなく目的を果たせる。メニューをじっくり見たし、店全体もよく観察した。日本語版のメニューはわかりやすかったけれど、英語モードにすると、最初はほとんど意味不明だった（中国語モードも韓国語モードもあって、ｉＰａｄのメニューボタンを触わると切り替わる）。Sardine（イワシ）や Arrow Squid（ヤリイカ）はわかった。Water Eel（そもそも鰻はみんな水のなかに棲《す》んでいるんじゃないのか?）などの英語名は日本語モードを見ないとわからなかった。Horse Mackerel は私が知っている名前ではアジ、Squid Gristle（まったく見たことのない名前だ）はイカの軟骨、Chub Mackerel はサバ、問題の Water Eel は穴子だった。Flouber Fin と書かれたネタも、私にはなんのことやらさっぱりだ。日本語モードで見てみると、エンガワだった。いったい、誰がわかる? 二〇年前のポートランドでさえ、鮨のメニューは日本名をローマ字表記で書いてあった（穴子と鰻だけは Ses Eel と

River Eel という英語名も添えられていたけれど)。

英語名を理解しようとして混乱したものの、メニューに載っているネタのほとんどは、アメリカの鮨屋でもよく見る魚だった。けれどいくつか、近所の鮨屋ではぜったいに見たことのない奇妙なものがあった。びっくりしたのは、ハンバーガー握り鮨(焼いたハンバーグをシャリの上にのせたもの)と豚カルビ焼き鮨だ。イカ、エビ、サーモン、ビンチョウマグロにラー油を塗った鮨もあった。

正統派なものでは、酢で〆た鮨もいくつかあった。コハダ、イワシ、サバなどだ。私は〆鯖《さば》を注文したが、口に入れたとたんに驚くほど、とんでもなく甘かった。鮨酢が甘い関西のものと比べてもずっと甘く、これは度を超えている。外人は甘い料理を好む人が多いから、この甘さもこの店の人気を支える理由のひとつなのかもしれない。

次に隣に座った若い男性客に話しかけてみると、アルゼンチン出身だという。彼はまずスモールツナロール、つまり鉄火巻を頼んだ。小さな醤油皿になみなみと醤油を注ぐとワサビをスプーンに山盛りにして数回加え、濃い緑色のディップのような状態にしてから、そこに鮨を浸すと、スマートフォンで写真を撮っている。次はベルトコンベアでビンチョウマグロが届いた。そしてハンバーガー握り。アルゼンチンは牛肉で有名だ。彼は東京に来てから、この店に何度も通っていると言っていたが、そのせいもあるのかもしれない(ただ一〇〇%ビーフとは思えないが)。次に出てきたのはコーラだった。彼は無料の粉末緑茶には見向きもしなかった。

前回来たときは最悪の鮨屋だと思ったが、悪いところばかりではなかった。この店には季節の特別メニューがあり、このときはアサリ、ホタテ、ズワイガニ、サバだった。ただし、これは日本語版のメニューにしか載っていなかった。つまり日本語が読めない者には、こういうネタがあることさえわからない。エビのピザ風握りというのも日本語版にしか載っていなかった。これなどは日本人より外人のほうが好みそうな鮨なのに。

「すきやばし次郎」の真実

二〇一〇年ごろだったか、私は築地の市場場内で買い物をしている小野二郎さんをしばしば見かけた。彼はいつも四、五人の人たちといっしょで、先頭に立って歩き、足を止めて魚を見ては気に入ったものを指差して何かを言う。その内容は遠くにいる私には聞こえない。そして、支払いをする係と、買ったものを運ぶ係を残して、次の店に向かう。当時は彼が何者なのかはもちろん、名前すら知らなかったが、東京の鮨業界で重要な地位にある人物なのではないかとひそかに思っていた。築地での買い物から帰った私は、妻に数十分前に見かけたこの人の話をした。驚くべきことに、彼女はすぐに彼の名前を口にした。「二郎さんね」そう断言してから、付けくわえた。「銀座でいちばん有名な鮨屋『すきやばし次郎』の店主よ」

私の勘は正しかった。

二〇〇八年版『ミシュランガイド東京』がはじめて刊行されると、「すきやばし次郎本店」は最高ランクである三ツ星を獲得した。三ツ星のレストランは八軒、そのうち鮨店は二軒しかなかった。

二〇一三年の二月、日本でデヴィッド・ゲルブ監督の映画『二郎は鮨の夢を見る』が公開されたとき、妻と有楽町の映画館に観にいった。ニューヨークに住んでいる日本人の友人が、この映画を先にアメリカで観て「よかった」と言っていたので。私たちが行ったのは午前中で、映画館にはあまり人がいなかった。映画は面白かったし、ときどき笑えるシーンもあった。鮨と魚は美味しそうに映し出され、ドキュメンタリー映画としては充実した内容だった。二郎さんが、鮨職人として努力し、向上することをいつも忘れないという哲学を語るのを聞いた私たちは、すきやばし次郎に行きたくなった。ちょうどこの映画館の外の通りを渡ったところに、すきやばし次郎はある。二郎さんはこのとき八七歳で、映画のなかでは「まだ」八〇代半ばぐらいだったわけだが、その年齢を考えると、さらに行かなければと思った。

それから一年ほど、妻と私はときどき、すきやばし次郎に行く話を持ち出した。けれどなかなか実際に行こうということにはならなかった。税別三万円というのは、鮨一人前の値段としてはかなり高い。近所に東京でも最高ランクの鮨店があり、その半分の値段で食べられる環境に暮らしていたからよけいにそう感じられた。それに映画が公開されてから、予約を取るのがとても難しくなったとも聞いていた。だから次郎行きは、やりたいことリストの上位に残りつづけながらも実現していなかった。

ところが、翌年の正月に、二郎さんの友人である妻の知り合いが、たまたま同行者がふたり行けなくなってしまったらしく、いっしょに行かないかと私たちを誘ってくれた。三万円プラス消費税を払わなければならないことは変わらない。しかし幸運にも、予約を取る苦労をする必要はないのだ。だからもう、行かない言い訳を並べるのはやめて、この誘いを喜んで受けた。それから待たねばならなかった数週間、すきやばし次郎で食べることになる鮨のことを考え、評判どおりに、そして私たちが願っているとおりに美味しいのだろうか、と思いをめぐらしていた。

すきやばし次郎をインターネットで調べてみると、ジョエル・ロブションやアンソニー・ボーディンをはじめ、ヨーロッパの有名シェフたちがお気に入りのレストランに挙げていた。そのほかにも二郎さんのことを世界一のシェフだという人はたくさんいる。しかしそう言っているのは、みな日本人ではない。彼らは有名なシェフかもしれないが、鮨も含む日本料理をどれだけ理解しているのだろうか、とも思った。いずれにしろ、どんなタイプの料理でも、確かな舌を持っていれば、いい料理と素晴らしい料理のちがいはわかる（美味しい料理とまずい料理のちがいもわかる）はずだ。世界のトップシェフたちの意見であることは、事実として見過ごせない。

すきやばし次郎に対する一般の外人たちの意見も探そうと、主にグルメサイトの掲示板で、英語のやりとりを読んでみた。二郎さんの鮨がとても気に入ったと書いているのは、東京に住んでいて、日本語が話せる人たちだ。そのうちのひとりはかなり頻繁に通っていて、二郎さんはとてもいい人だとも書いている。なかには大絶賛ではないものもあり、食事があまりにも早く終わってしまったことを不満に感じている人もいた。一五分か二〇分で終わってしまったと書く人もいた。二郎さんが気難しく、外人に対する偏見を持っていたという書き込みもあったが、こういう人たちのほとんどは、日本語を話せないことが問題の原因だと認めていた。値段が高すぎるとか、ミシュランの三ツ星レストランに期待する味ではなかったという意見もあった。

こういうネガティブなコメントを読んでも、私は期待はずれになる心配はしていなかった。食事が早く終わりすぎたという人たちは、そもそも鮨はファストフードであったことを知らない。さっさと食べるべきものであり、立って食べることも多かったのだ。二郎さんの人柄については、トラブルの原因は彼らがみずから認めているとおり言葉の問題と、店での振る舞い方を知らないことも大きいと思う。外人にはシェフと話したがる人が多いが、日本語を話せない客と英語を話せないシェフではそれは叶わない。完璧ではなくても日本語をしゃべれる外人である私は、はじめて行った店では話しかけられないかぎり黙っている。その後、もしまた行くことがあれば、そのときはじめて会話をすることが多い。

ついにその日がやってきた。予約の時間は一一時半で、妻と私にとって昼食にしては早かった。

だから朝食はほとんど食べないでおいた。ビルの地下に店があるのを知らなかったせいで、二分ほど遅刻してしまった。私たちの席はカウンターの端で、私の左隣に妻、そのさらに左に誘ってくれた知人が座っていた。私たちが遅刻を詫びて席に着くと、二郎さんがすぐに鮨を出しはじめた。鮨を握るたびに、妻の友人の前から順に置いていく。日本の食文化の達人である二郎さんは、カウンターのさまざまな部分にそれぞれ大切な意味があり、どれだけ互いに関連しているかを話してくれた。たとえばカウンターの幅は伝統的な箸の長さを基に決められているのだが、その箸は江戸時代の男性の肘《ひじ》から手首までの平均的な長さに基づいているという。とても惹きつけられる話で、この食事全体の魅力がさらに増した。

まだ日本に足を踏み入れたことがなく、「本物の鮨」を食べる機会もなかったころ、私はほとんどの外人たちと同じように握り鮨を箸で食べていた。鮨は日本料理だし、日本の人たちは箸を使って食べるから、鮨も当然箸で食べるべきと思っていた。けれど日本に住んでから、鮨は指でつまんで食べてもいいことを知った。果たしてミシュラン三ツ星の店ではどうだろう? 私はカウンターにいるほかの客に視線を走らせた。するとつまんで食べている人もいたし、箸を使っている人もいた。妻とその友人は箸で食べていた。私は素早く、どちらでも大丈夫なのだと察した。とくに男性は問題なさそうだ。おそらく箸を使うほうが行儀がいいのだろう。しかし、実用性のほうが重要だ。私は二郎さんの握った鮨をほとんどは指でつまんで食べ、ツメを刷《は》いた鮨は、手を汚したくないので箸で食べた。

二郎さんの鮨は交響曲《シンフォニー》のようだった。握りのひとつひとつが音符で、それらが集まって楽曲を構成している。まずはイントロ、それからマグロの楽章、もう一度マグロの楽章、それから海苔に包まれた軍艦、最後にデザートでフィナーレだ。メニューの構成は二郎さんが即興で考えたものだと知り、さらに感動した。まるでベートヴェンが蘇って、一気に交響曲を書いたようなものだ。いや、正確にはベートヴェンよりもバッハの協奏曲《コンチェルト》のほうが似ている。まるでバロックの対位法の食べ物版のようだ。ほんのりあたたかいひと切れのあとには、冷んやりとしたものが出され、さらに冷たいものが出てくる。少し酸味があるものの次には、甘味がやってくる。嚙みごたえがあるものの次は口のなかでとろけてしまうようなやわらかいもの。そしてそのすべてが一体になって、協奏曲のようになっている。

三万円は高かったけれど、この日行かなかったら、あとでぜったいに後悔していただろう。金は出てもまた入ってくるものだが、二郎さんの鮨を目の前で食べるのは一生に一度の経験だ。あの日、私だけでなく、たぶんみなにとって二郎さんは鮨界のヨハン・セバスティアン・バッハのような存在だった。毎日新たな作品（鮨）をつくり、家族（客）はみなそれを味わい、感動を分かち合う。日々変わらぬ海の恵み（音符やコード）を使って、いままでにない斬新な世界観（モチーフやタイミングなど）に命をあたえつづけているのだ。

この日の昼食にどのくらい満足したかって？　夜八時になっても、私はまだお腹が空かなかった。量はそれほど食べていないのに、精神的に満たされたおかげか食べたくならなかった。一〇時間経っても、ずっと二郎さんの鮨のことを考えずにはいられなかった。あの味や温度や質感の調和を。ひとつだけ疑問がある。私は外人だから、ほかの客よりも多めにワサビが入っていたのではないだろうか？　なんだかワサビが利きすぎていた気がするのだ。

インターネットで読んだ「すきばやし次郎」についての否定的なコメントについては、ほとんどが根拠のないものだとわかった。私たちの食事は一時間近くかかった。私以外の客はみな日本人だったからかもしれない。そのなかには日本料理界の有名人もふたり混じっていた。

二郎さんの人となりについては、とても快活で楽しい人だと思った。鮨を握っているあいだはとても真剣でほとんどしゃべらないが、それ以外のときはリラックスした様子で、優しくにこにこしていて、外人たちが掲示板に書いていたような感じはまったくなかった。たしかに三万円はひとり分の昼食代には高すぎるし、夕食代だったとしてもけっして安くはない。しかし、鮨を極めつづけ、食べた人の脳裏にふたつとない経験として刻まれるような鮨を握ることに、七〇年以上の人生を捧げてきた人が握る鮨を食べるためなら、高くはない。

東京下町・私の好きな鮨屋

日本橋界隈には鮨屋が多いので、食いしん坊の勘を頼りにいろいろ食べ歩くのは愉しい。そのうちの数軒と、他の街にある贔屓《ひいき》の鮨屋を思い浮かぶままに挙げてみたい。私が何度も通いたくなる店というのは、鮨ネタの質や味はもちろん、その店らしい雰囲気があって常連客とのやりとりもさりげない店だ。そしてなによりも、大将やおかみさんをはじめとする、店で働く人たちが魅力的であることも大切である。

㐂寿司（中央区日本橋人形町）

友人である下町の旦那たちの言葉を借りれば、「本物の江戸前鮨」を出す数少ない店のうちの一軒だ。特別な機会があるときはもちろんだが、妻と私は「今日はちょっと贅沢なランチを食べたい」と思ったときに行くことが多い。そんなときに注文するのは、ちらし鮨だ。店主のユイさんのご家族とは友だちであり、私は町会の後輩でもあるので、このリストに載せる「贔屓度」はやや高めであることは認める。それに、ユイ家の方たちは、私に本当の鮨について多くのことを教えてくれたし、築地市場へ魚の買い出しにも連れていってくれたのだから。

吉野鮨本店（中央区日本橋）

ここも江戸前鮨で有名な、私の大好きな店だ。創業明治一二年（一八七九）という長い歴史があり、はじめてマグロのトロを出した店としても知られる。そんな由緒ある店なのに格式張った感じはまったくなくて、店に一歩入ると、江戸っ子気質の気さくで愉しげな雰囲気に満ちている。四代目の大将とおしゃべりをしたり、歌舞伎や日本橋界隈の古き良き時代の様子を話してもらうのは、私にとってはなによりもうれしかった。だが寂しいことに、大将は二〇一六年に亡くなられた。

都《みやこ》寿司《ずし》（中央区日本橋蛎殻町《かきがらちょう》）

明治二〇年（一八八七）創業のこの店も長い歴史を持ち、現在の若旦那は五代目にあたる。地元のひとで昼も夜も賑わっていて、出前までしてくれる。一品料理もとても美味しく、常連客もいい人ばかりだし、なによりも店の人たちが最高だ。このあたりには「都寿司」という名前の店が何軒かあるが、ここが元祖で、あとは暖簾分けした店だ。明治以降に店名を「都」と漢字一文字で表すようになった最初の店だ（「美家古」と三文字で書くのではなく）。表記を変えた理由はわからない。

すぎた（中央区日本橋蛎殻町）

幸運なことに、東日本橋に住んでいたころからスギタさんの握る鮨を食べつづけている。最初は東日本橋の「都鮨」で、そして二〇一五年からは彼が蛎殻町に出した新しい店「すぎた」で。そんな縁があるおかげで、半年以上先まで予約が取れないことで有名なすぎたの鮨をときどき味わうことができる。スギタさんはつねに新しいアイデアやレシピにチャレンジしているので、毎回なにか珍しい料理が出るのではと期待して店に行く。スギタさんもおかみさんも、とても気さくで親切ないい人だ。叶うものなら、年に二、三回は行きたいと思う。

たぬき鮨（中央区日本橋小舟町《こぶなちょう》）

釣り好きな大将の隣には三代目にあたる息子が立ち、おかみさんや若おかみも仲良く働いている家族経営の店だ。鮨ネタの魚や貝の質もよいけれど、海ブドウがふんだんに入ったツマもいい。ただし、地元の店の多くと同じく、この店も早い時間に閉店してしまう。しょうがの利いたマグロの佃煮はお土産にぴったりだ。

太田鮨（中央区日本橋人形町）

こちらも地元のよい鮨屋だ。日本橋小学校のすぐそばにあり、花街だった芳町《よしちょう》の面影を残す昭和な雰囲気も魅力だ。豪華なランチが二〇〇〇円ぐらいで食べられる。若い男性や外人もお腹いっぱいになる量で、禁煙なのもありがたい。

寿司芳（中央区日本橋人形町）

時間があまりないけれど、美味しい鮨をさっとつまみたいときにいつも行く店だ。見るかぎり、地元の常連客も多い。鮨は美味しく値段は手頃で、大将や店を手伝っている彼のお母さんも大好きだ。蛎殻町に同じ名前の店がもう一軒あり、こちらは大将の兄がやっている。

弁天山美家古寿司（台東区浅草）

㐂寿司同様、多くの人に「本物の江戸前鮨」を出す鮨屋として愛されている。江戸時代から営業を続けている名店だからだろう、浅草の旦那たちがお気に入りの鮨屋でもある。

常寿司《つねずし》（台東区浅草）

浅草に住む鮨好きの友人がすすめてくれた店。地元客相手の鮨屋で、気さくな老夫婦と、三代目にあたる息子がやっている。一一時半から夜の九時までの通し営業で、ランチや早めの夕食をゆっくりと愉しむのにも便利な店だ。

築地寿司清（中央区築地）

築地の場内に近い鮨屋で、美味しくほとんど並ばないで入れるのがいい。メインカウンターはいつも常連客や地元の人たちで賑わっていて、写真を撮っている観光客が少ないのもいい感じだ。混んでいてなかなか入れないときには、五、六〇メートル行ったところに「寿司清新館」がある。

志乃田寿司總本店（中央区日本橋人形町）
関山《かんざん》（中央区日本橋人形町）

甘酒横丁の交差点をはさんだテイクアウト鮨の名店二軒。どちらもその場でとても美味しい折詰をつくってくれる。オレゴンに帰るために飛行機に乗るときはいつも、どちらかの店に立ち寄り、弁当として持っていく。機内食にはあまり期待できないからだ。「志乃田」のいなり寿司や「関山」の茶巾は持ち運びも楽だし、きれいに食べやすくて重宝する。機内でこの弁当を広げると、まわりの乗客（もちろん日本人の）からうらやましそうに見られることもしばしばだ。

なにより蕎麦が好き！

（第6章）

蕎麦《そば》の発見

日本に来るまで蕎麦というものをよく知らなかった。ほとんど食べたことがなかったし、そもそもアメリカには蕎麦屋がほとんどなく、日本人がたくさん住んでいるニューヨークとロサンゼルスに少しあるくらいだった。そのなかでも手打ち蕎麦を出す店はさらに少なく、おそらく一〇軒もなかっただろう。二〇一〇年ごろからは、シアトル、ダラス、シカゴなどの都市にも手打ち蕎麦屋が開店した。ホノルルにもできたが、アメリカ人として敬意をこめていうなら、あそこは日本の一部みたいなものだ。

ただ、ずっと蕎麦屋が少なかったわけではない。ポートランドでは明治・大正時代、それにおそらく第二次大戦前までは、たいていの日本料理店で蕎麦やうどんが出されていた。日系一世は広島、山口、福岡、岡山など、うどんが好まれる西日本の出身者が多かったにもかかわらずだ。永井荷風は著書『あめりか物語』で明治末期に訪れたアメリカの様子を書いているが、西海岸には数多くの蕎麦屋があり、日本の都会でさえ「こんなに便利ではない」と述べている。荷風による二〇世紀初頭のアメリカ西海岸の描写とは異なり、オレゴン州ではうどんのほうが断然普及していて、ラーメンは「支那《しな》そば」ではなく、「支那うどん」と呼ばれていた。

私が生まれてはじめて食べた蕎麦は、ポートランドに住む友人の日本人が料理してくれたものだ。とても気に入ったので、さっそく真似をして家でつくってみることにした。蕎麦の麺を買ってきて、パッケージに書いてあるとおりに茹《ゆ》で、醤油と水をあわせて加熱した汁といっしょにボウルに盛りつけた。友人が食べさせてくれたものとは似ても似つかぬ代物で、食べたあとは水やらビールやらをガブ飲みして醤油のしょっぱさを洗い流した。後日、同じように蕎麦を茹で、こんどは醤油に水ではなく酒を加えてみたが、またもやつゆは飲めたものではなかった。のちにある日本人の友人が「出汁《だし》」が必要だし、ただの醤油ではなく「かえし」を使うべきなのだと教えてくれた。

日本ではじめて蕎麦を食べたのは二〇〇一年、成田空港の乗り継ぎで、六、七時間の待ち時間ができたときだ。このときはバンコクからポートランドに帰る途中で、日本への初上陸だった。空港でずっとただ待っているのは嫌だったので、少し両替をし、ツーリストインフォメーションのブースに行って、次のフライトまでに確実に行って帰ってこられる場所はないかと訊いてみた。成田という街があると教わり、そこへ出かけた。店頭に蕎麦やうどんの見本があるレストランを見つけて入ると、写真つきのメニューから天麩羅蕎麦を注文して食べた。残念ながら、どんな味だったかは思い出せない。このとき知っていた日本語は「ありがとう」と「すみません」だけで、しかもひどい発音だったと思う。けれど箸《はし》の使い方だけはわかっていた。

蕎麦に興味を持つようになったのは、日本に住みはじめて二、三年経ってからだ。ある日妻といっしょに昼食に蕎麦を食べにいった。「京金《きょうきん》」という天保《てんぽう》元年（一八三〇）創業の小さな店だ。ランチタイムの終わりごろに店に入ったのだが、隣のテーブルには男性四、五人のグループがいた。妻は彼らの話し声を聞いて、東北地方出身の人たちだろうと言った。彼らは蕎麦について話していたが、蕎麦を食べるためだけに東京にやってきたらしく、一日に数軒の蕎麦屋を回るつもりらしかった。

ただの冷たい麺でしかない蕎麦を食べるために、なぜ彼らはそんなに遠くからわざわざやってきたのだろう。この簡素としか思えない目の前の料理の、どこにそれほど惹かれるのだろうか。

この日から私はがぜん蕎麦に関心を抱くようになった。それに、鮨ばかり食べていないで、そろそろ昼食のメニューの幅を広げてみようという思いもあった。鮨に飽きたわけではない。ただ、もう少し冒険をしてもいいころだった。こんなに毎日米をたくさん食べていたら、太るんじゃないかと少し心配でもあった。

それ以来ときどき蕎麦を食べるようになった。週に一回ぐらい「小諸蕎麦」のような街なかのチェーン店で、ウインドーに並ぶ蕎麦の見本を見て、券売機で食券を買った。食品サンプルの横に書かれているのと同じ名前の食券を買うのは問題なくできた。ところがメニューの字はなんとか読めても、それだけではその料理がどんなものかまったくわからない。せいろ蕎麦？　もり蕎麦？　冷たい蕎麦なのは想像できたが、どんな蕎麦なのかはわからない。そしてさらにたぬき蕎麦やきつね蕎麦まである。タヌキがなんだかは知っている。奈良で夜によく見かけた。キツネだって日本語で動物を指すことは知っている。しかしこの蕎麦にキツネやタヌキの肉がのっているとはどうしても思えなかった。持っていたリチャード・ホスキンズの『外国人のための日本料理事典』(チャールズ・イ・タトル出版)で調べてみた。この本は私のような外人が日本料理について調べるのに最適な情報源だ。けれど、きつね蕎麦とたぬき蕎麦の正体ははっきりしなかった。肉が入っていないという直感だけは、当たっているようだったが。

英語で書かれた蕎麦に関する本を探してみると、ジェームズ・ユデスキーの"The book of soba"(邦題『そばの本』講談社インターナショナル)の存在も知った。残念なことにこの本はずっと前に絶版になっていて、入手困難な状態だったが、幸運なことに東京にいる友人が持っていて、貸してくれた。

ついに……ついに私は蕎麦の情報源を手に入れたのだ。

ユデスキーの本を二度ほど読み、蕎麦に関する知識は大いに増えたが、それでもまだまだ表面的なものだった。蕎麦の歴史を少々、基本的なレシピ、それに蕎麦の麺のつくり方はわかった。けれど蕎麦はもっと奥深いものだ。近年、鮨の人気が世界に広がっていった過程を考えると、こう思わずにいられなかった。「なぜ蕎麦も同じ道をたどらないのか?」

この疑問を解明して世界に発信するには、蕎麦についてよく研究し、明解な文章と写真がたくさん載っていて、人々の蕎麦への興味をかきたて、食べたいと思わせられるような英語の本があったら、とても助けになるだろう。もしかすると、私ならそれを書けるかもしれない。
資料を探しはじめた。英語で書かれた文献のなかには、蕎麦の歴史に関するキッコーマンの国際食文化研究センターの本もあった。オンラインで蕎麦に関する学術記事を読めるサイト「FAGOPYRUM《ファゴパイラム》」（蕎麦のラテン語名）や、京都大学のグループが出版した世界中の研究者たちの学術論文を集めた本も見つけた。当然ながら、いちばんよい資料は日本語で書かれているたくさんの蕎麦の本だった。私は数冊買って、時間をかけて読んだ。とくに東京の蕎麦屋のガイドブックは熟読した。

蕎麦サイクリング

蕎麦の本を書くなら、もっと真剣に蕎麦に向き合うべきだと思った。そのための早道は、少しでも多くの蕎麦を食べることだ。まずは、家の近くにある蕎麦屋からはじめよう。歩いて五分ほどの範囲に二〇軒ぐらいはあるので、すべての店を制覇するにはしばらくかかった。

私の出身地ポートランドは全米一、自転車が移動手段として使われている街だ。新しい自転車を買ってからは、頻繁に「蕎麦サイクリング」をするようになった。自転車で行かなくてはならない用事ができると、事前に計画をたてる。行くべき方向をめざしながら、最短コースではなく横道を探索し、大通りを走っていたら見落としがちな店に遭遇できるルートを通るためだ。よさそうな蕎麦屋があれば、もちろん自転車を停めて店に入ってみる。

ランチタイムに、行き先を決めず自転車を走らせ、行ったことのない蕎麦屋を探してみることもあった。まずは神田川の南から築地までのほぼすべての通りと、東京駅と八重洲の東側から隅田川までのエリアを、新しい店を見つけしだい入ってみるという方法で走破した。そうしたなかで、蕎麦がまずかった店は一軒しかなかった。その店については、あとで語ることにしよう。

さらに店を開拓するために、北へ向かうことにした。浅草や上野方面、千駄木、もっと北の南千住《みなみせんじゅ》まで足をのばした。その後、探索エリアを隅田川の東側に広げ、川沿いに向島《むこうじま》から月島まで進んだ。手打ち蕎麦を出している店では、とくに真剣に食べた。ミシュランの星を持つ店から、家族経営の地元の蕎麦屋、さらには駅の立ち食い蕎麦屋にも行ったが、これも馬鹿にできず、なかにはとても美味《おい》しい店もあった。自転車を降りて店に入り、席に着き、日本語で書かれたメニューを見て注文し、蕎麦をすすりながら食べているところを、何度奇妙な目で見られたことかしれない。気に入った蕎麦屋にはまた行くし、週末に妻を無理やり連れていったりもした。

とうとう六年かけて、自宅から自転車で二〇分圏内の蕎麦屋にほぼ行きつくしたことがわかった。ただしチェーンの蕎麦屋については、一店舗に行ってみて、あとの店もだいたい同じだろうという場合にはそれ以外の店へは行っていない。「千住葱《ねぎ》と海老の天麩羅蕎麦」や「ラー油風味の鶏蕎麦」など、とくに印象に残ったメニューがある店にはまた行って、レシピや材料を覚えたり、店の人に教えてもらったりもした。

蕎麦の食べ方にお墨付きをもらう

蕎麦をよく食べるようになってからも、しばらくは正しい食べ方があるなんて知らなかった。ただひと口分の蕎麦を箸でつまんで口に入れるという、箸でスパゲッティを食べるのとたいして変わらない食べ方をしていた。箸を使うのは問題ない。日本に来る前から長年使っていたので、短い蕎麦一本でも楽々とつまめる。

蕎麦を頻繁に食べているうちに、まわりの客の食べ方を観察するようになった。とくに蕎麦を口のなかにすすりあげる音が気になって、真似してみるとすぐにできた。すすって食べるのは蕎麦職人に対して敬意を表する意味もあることを知ってからは、盛大に音をたてて食べるようになった。蕎麦の達人である友人や、「ソバリエ」と呼ばれる人たちが食べるところを目近に見たり、さらにテレビで正しい蕎麦の食べ方も研究した。

蕎麦は一度にたくさんたぐるのではなく、箸で少しだけ取り、さっとつゆに浸けてから、すばやく口のなかにすすりこみ、飲みこむ。

欧米では音をたててすする食べ方は絶対にありえないものとされているから、麺類をこうやって食べたらみな驚く。ポートランドで家族と外食するときは、私がパスタを蕎麦式に大きく音をたてすすると、その音を聞いた店じゅうの人がいっせいに振り向く。「こんな無作法な野蛮人はどこにいるのか？」と。私はこの時点でようやく自分が何をしたかに気づき、あたりを見まわしてつぶやくのだ。「おっと、日本にいるんじゃなかったんだ」

あるとき、私は浅草の「駒形《こまがた》蕎上人《そばしょうにん》」へ蕎麦を食べにいった。賑やかな通りに面しているが、そこにあるとわかっていなければ見落としてしまいやすい。私は蕎麦専門のガイドブックでこの店を知ったのだが、そうでなければずっと存在に気づかなかったかもしれない。年配の女性がテーブルを指して案内してくれた。雷門から歩いて三、四分という場所なのだが、外人客はあまり来ないのだろう。なぜならその女性がずっと私のほうを見て、何か助けがいるかどうかをうかがっているようだったからだ。私がメニューを読んで注文すると、彼女はホッとした様子でオーダーを厨房に伝えた。頼んだのはせいろ蕎麦だ。立ち食い蕎麦屋は別として、はじめての蕎麦屋ではいつもせいろ蕎麦を頼むことにしている。

私はいつものように、箸で蕎麦を少したぐると、さっとつゆに浸け、口のなかにすすりこんだ。

もちろん、勢いよく音をたてて。店の女性たちは部屋のむこう側から私をじっと観察しながら、ときどき互いに何かをささやきあっている。蕎麦を食べ終わり、立ち上がって支払いをしようとすると、ふたりがこちらにやってきて、

「蕎麦を食べるの、すごくおじょうずですね」

と褒《ほ》めてくれた。

どうやら私は、正しく蕎麦を食べられたようだ。それ以来ずっとほかの人たちが食べている様子を意識して見ているけれど、日本人でも正しい食べ方ができる人は少なくなってきているように感じる。

「日本橋そばの会」で初の蕎麦打ち!

自転車で前を通り過ぎるたびに気になっていた。美しい家だった。人形町界隈には庭のある家がとても少ないが、この家は門のむこうに、玄関の扉まで続く小さな庭がある。そして離れのような建物も。近くを通るたびに、玄関にはいつもちがう花の鉢植えが置かれていた。

あるとき、妻といっしょにこの家の前を通ったとき、立ち止まってその外観を眺めていると、

門から女性がひとり出てきて話しかけてきた。彼女の名前はケイコで、九〇歳近い母親と住んでいるという。母屋はかつて料亭だった建物で、離れのように見えたのは客の車と運転手が待機するための車庫だったそうだ。ケイコは私たちを敷地内へ招き入れ、母親を紹介してから、家のなかを案内してくれた。二階の宴会場だったとおぼしき部屋には明治時代の有名な画家の絵が掛けられていた（私は知らなかったが妻が教えてくれた）。とても美しい家だが、修繕が必要な箇所もいくつかある。しかし、ここに住んでいる女性たちにはその余裕がなさそうだった。茶室でお菓子とお茶をいただいてから、妻と私は失礼し、そもそもの目的である買い物に行った。

このとき以来、私はときどきケイコと顔をあわせると、話をするようになった。彼女の英語はじょうずだが、ちょっとだけさびついていた。ある日、友人のカヨコといっしょにこの家の前を通りかかると、ケイコが庭に出て作業をしていた。数分おしゃべりをしたあとで、彼女は言った。

「今度の土曜日のお昼に、手打ち蕎麦を食べにこない？」

約束の日、カヨコと私はケイコのうちに行った。打ちたての蕎麦は美味しかったし、ケイコが注いでくれた日本酒も素晴らしかった。この日蕎麦を打っていた女性は、日本橋の蕎麦愛好家のクラブ「日本橋そばの会」の会長だった。蕎麦打ちは、鮨を握るのと同じように主に男性がするものだと思っていたので少し驚いた。食べ終えると、会長が次の蕎麦の会に来ないかと誘ってくれ、場所と時間を教えてくれた。

「エプロンと手ぬぐいと材料費を持ってきてくれれば、ご自分で蕎麦を打てますよ」

面白そうだ。私はがぜん行きたくなった。

手ぬぐいは何枚も持っているが、エプロンはなかった。妻のエプロンならあるが、私には小さすぎる。次の蕎麦の会の前日、私に合うサイズがあるとわかっている場所、合羽橋に向かうことにした。レストランの制服やエプロンを売る店が数軒あるのを知っていたので、私は自転車で合羽橋まで行き、目的の店に入った。店内を二分ほど見たが、私が着られる大きさのエプロンはない。店の人に私に合うサイズはないかと訊いた。

「ありますよ」女性店員はそう言って探しはじめた。

「明日、蕎麦を打つときに着るんです」

私がそう付け加えると、彼女は突然、動きを止めた。そして、くるりと振り返って何か言うと、蕎麦打ち用の白い無地のエプロンを持ってきてくれた。

翌日、会場である日本橋小学校に向かった私は、指定されていた部屋に入って驚いた。料理のレッスンや実演をするための設備がそろっていたからだ。会長を見つけて挨拶すると、彼女は私を会員たちに紹介してくれた。今日初めての人も数人いるそうだ。調理台の上には、すでに蕎麦を打つのに必要な道具が並んでいた。頭上には角度をつけて鏡が据えられていて、調理をする様子が部屋のどこからでも見えるようになっている。とてもよくデザインされたキッチンだ。

まずは先生が手早く、いとも簡単に蕎麦を打つのをみんなで見てから、グループに分かれた。それぞれのテーブルに新米ひとりと経験豊富そうな蕎麦打ちがひとり配置された。私は先生のデモンストレーションを見ながらメモを取り、わからない言葉は電子辞書を二回ほど引いたが、それでも完全に理解できないところがいくつもあった。とくに蕎麦打ちの専門用語がわからない。けれどなんとか全体の流れを把握し、蕎麦打ちに挑戦できることが誇らしかった。

蕎麦を打つ最初のステップはとても簡単だ。まずは粉を計る。蕎麦粉八〇パーセント、小麦粉二〇パーセントの割合で、合計六〇〇グラムだった。次に水を計る。必要な粉の量の半分である三〇〇ミリリットル。粉を蕎麦打ち用の大きな鉢に移したら水をだいたい半量加える。ここから少し難しくなってくるが、できないほどではない。粉と水を混ぜてこねるのだ。二、三分かかるし、近くにやってきた先生に五、六回手の動きを直されたけれど、少しするとなんとか蕎麦の生地を丸めることができた。次に厚さ一センチぐらいの板状に伸ばし、蕎麦切りの作業に入るためにさらに生地を薄く、打ち棒で延ばす。ここがいちばん難しかったのは、私がほかの人たちよりかなり背が高いのも原因のひとつだ。腰よりずっと低いテーブルで作業をしなければならず、身をかがめて蕎麦を延ばすか、脚を広げて、上半身を低い位置に持ってくるしかない。腰を痛めたくなかったので脚を開いて乗り切ったが、まるで相撲の稽古をしているみたいだ。二度ほど試行錯誤したが切るのは簡単だった。できあがった蕎麦は完璧とはいえなかったし、ほかの会員たちがつくったもののようにきれいではなかったが、そんなことは問題ではない。なにしろはじめて、この手で蕎麦を打つことができたのだ。

蕎麦が完成すると、いよいよ実際に食べる時間だ。私の手打ち蕎麦はプロの品質にはとてもかなわないが、袋入りで売っているどんな蕎麦よりも美味しかった。なにより自分でつくったものなのだ。

食べながら、ほかの人たちとも話す機会があった。みな、唯一の外人である私に気さくに話しかけてくれた。ベテランのメンバーのひとりに訊いてみた。

「蕎麦打ちは、何回ぐらいやればマスターできますか?」

「だいたい一〇〇回ぐらいだね」

長い時間をかけなければできない回数だ。それを悟ると私は少しがっかりした。

その後一年ほど、私はときどきこの会に通った。

なかでもいちばん印象的だったのは、川崎で行われた蕎麦フェスティバルで、会が蕎麦の店を出したときだ。もちろん私は生地をこねなかったし、蕎麦を切りもしなかった。けれど調理と客席に運ぶのを手伝ったので、客のなかには驚いた顔を見せる人もいた。私が日本人なのか外人なのかを尋ねる声が、何度か耳に届いた。最近は忙しくなって蕎麦の会に行けていないが、かならずまた行ってもっと練習したいと思っている。

外人が蕎麦屋に入ったときの反応

一時期、蕎麦つゆづくりにものすごく熱中したことがある。材料を調べ、かえしにいろいろな種類の醤油を使ってみたり（長野県松本市の「信州醤油」がもっとも私の好みだ）、鰹節や宗田節にさまざまな昆布を組み合わせて出汁に使ってみたりもした。

はじめて行く蕎麦屋や、久しぶりに行く蕎麦屋では、蕎麦が運ばれてくるとすぐにつゆをひと口飲んでみる。こうすると、麺や薬味などの影響で味が変わってしまう前の、純粋なつゆの味がわかるからだ。気に入ったつゆに出合うと、家で同じものをつくってみる。そんなことをしているうちに、蕎麦屋のつゆをひと口味わっただけで、使われている材料を当てられるようになった。店の人に合っているかどうか訊くと、ほぼいつも正解だ。

あるとき、東上野の小さな蕎麦屋で、つゆをひと口含んでから、おかみさんに「出汁は鰹節、宗田節、そして昆布ですよね？」と訊いた。

昼の混雑時からだいぶ経っていたので、客は私ひとりだった。

「当たりよ」と、おかみさんが言った。

それから少し話をして、私はまた蕎麦を食べはじめた。厨房から主人が出てきて、ふたりそろって、私が蕎麦を食べているのを見ている。と、おかみさんが叫ぶように言った。

「外人が箸を使っている!」

あきらかに、さっき私と話しているときに外人だと気づいていたし、私が出汁のレシピを当ててもさほど驚いていなかったのに、箸で蕎麦をすすっていることに関してだけは、「そんなのありえない!」のだろう。

私はよく、観光客が通らないような表通りから外れたあたりで蕎麦屋を探す。これまで外人客が来たことがあるだろうか、と思うような場所だ。店に入ったときの店員の反応でもそれがわかる。嫌な思いをしたことはないし、店の人はいつも親切だ。ただ、私がやってきたことに対して、「どうしてうちの店を選んだのだろう」と不思議に思っている気配が感じられる。メニューが読めないであろう私にどう対応したらいいのか不安なのだと思う。私がメニューを手に取り日本語で注文すると、いつも店の人たちは安堵の表情を見せる。

蕎麦屋の窓側の席に座っていると、外にいる人たちが、私が蕎麦を食べる様子をじっと見ていることもよくある。あるときなど窓の外にいる着物姿の年配の女性たちが口をぽかんと開け、信じられないという表情で、私を指差していた。下町の生活とはこんな感じなのだ。

肩幅と身長の問題

誰かと昼食を共にするときは立ち食いの店は選ばない。つねに食べながらでは話をしづらいし、ふたり並んで食べられる場所を探すのも難しいからだ。けれど、ひとりのときは喜んで立ち食い蕎麦屋に行く。安いし、あっという間に蕎麦が出てくるのがいい。私がいちばん気に入っている立ち食い蕎麦屋、日本橋本町のそばよしでよく頼む蕎麦はたったの三五〇円だ。人形町の「誠《まこと》や9号店」では、蕎麦粉十割の手打ち田舎蕎麦がたったの五〇〇円。アメリカで、ヘルシーかつ美味しい昼食をこんなに安く食べられる店を私は知らない。

たとえ安かろうと、立ち食いだろうと、そこにうまい蕎麦があれば喜んでリピーターになる。そう、私は高ければうまいと勘違いしがちな「蕎麦スノッブ」ではないのだ。

そんなわけで、少なくとも週に二回以上は立ち食い蕎麦屋に行くのだが、ときにちょっとした問題が生じることは認めざるを得ない。券売機のシステムも、蕎麦を食べること自体にも問題はない。問題は食べるスペースに体の大きさが合わないことだ。

私はアメリカ人としてはとくに大柄でも、太りすぎでもない。身長一八〇センチ、体重八〇キロと中肉中背なのだ。電車で乗り降りするときは、ドアの上に頭をぶつけないように注意さえすればいい。問題は、身長ではなく肩幅だ。高校・大学で水泳と水球の選手だったし、いまでも時間があると泳いでいる。四〇年以上プールで運動してきたおかげで、ものすごく肩幅が広い。吊るしのスーツは、ジャケットのサイズに合わせるとズボンが大きすぎるし、直すにもぶかぶかすぎて、買えない。エレベーターから降りるとき、お先にどうぞと譲ってもらっても、前に人がいたら通れないから断っている。そして立ち食い蕎麦の店が混んでいるときには立つ場所（たまに座る場所）に気をつけなければならない。

そばよしは壁に面したカウンターと、テーブル席コーナーが二か所ある。テーブル席にはスツールがそれぞれ四つ置いてある。最近は、カウンター席にもスツールが置かれている。私の肩幅では、肩が両隣とぶつかりやすいので、スツールを半分だけ後ろに引いて座る必要がある。するとこんどは、通路の客とぶつかってつゆをこぼしてしまいかねない。人形町のもう一軒の立ち食い蕎麦屋「きうち」には座れるエリアが三か所ある。一か所は窓に面した席、もう一か所はキッチンに向かった席で、それぞれ三つのスツールが並んでいる。外にも座席があり、晴れている日にはいい席だ。しかし、どのエリアであろうと、私が座るとあともうひとりしか座れない。こんなに場所を取ってしまって申し訳ないのだが、いったいどうすればいいのだろう。

立って蕎麦を食べなければならないときは、また別の問題が発生する。店のテーブルやカウンターは、平均的な身長の日本人が食べやすい高さにつくられている。だからきれいに食べようとすると、冷たい蕎麦なら問題ないが、温かい蕎麦だと、私は丼を手で口の近くまで持っていかな

何度食べても飽きがこない、そばよしの一杯

くてはならない。丼が熱くて持てないし、猫舌なので冷まさなければならないのだ。自然に冷めるのを待ちたいが、蕎麦がのびてしまうし、長くその場所を占領するのも申し訳ない。ではどうするかって？　とりあえず、混んでいる立ち食い蕎麦屋には入らないようにしている。

蕎麦屋と酒

ほぼ毎日蕎麦屋で昼食をとっていて気づいたのは、昼からアルコールを飲みたい人は、蕎麦屋で飲めばいいということだ。この二年ほどのあいだに行った高級な、つまり立ち食いではない蕎麦屋で客が四人から五人以上いた場合、誰も酒を飲んでいなかったことは一度もない。鮨屋でお昼を食べていて、ときどきビールを飲んでいる人がいると私はいつもちょっと驚く。けれど、蕎麦屋で昼間から飲んでいる人の数はそれとは比べものにならない。

一月の晴れた寒い平日、私はちょうど神田にいた。昼食がまだだったので、表通りから角を曲がって「神田まつや」に行き、蕎麦を食べることにした。私は神田まつやが大好きだが、このときは久しぶりだった。だから店のドアを開けて、空席をひとつ見つけるとうれしかった。テーブル席で、斜め前に座る男性と相席だった。

まだ午後二時に少し早いくらいだったにもかかわらず、私と六〇代らしき三人の女性のテーブル以外はみな飲んでいた。半分ぐらいの人がビール、残りの半分は酒、なかには両方が並んでいるテーブルもある。定年退職後とおぼしき年配の男性ばかりのグループは、ビールと熱燗を両方飲んでいる。別のテーブルには、七〇歳ぐらいの母親とその息子、それから彼の妻と、娘と思われる若い女性がいて、やはりビールと熱燗を飲んでいた。私の右隣のテーブルに座っている年配の男性は、徳利を二本空けている。左隣のサラリーマンはいろいろなつまみとともにビールを飲んでいて、その前にいるゴルフセーターを着た年配の男性は、蕎麦を注文する前に徳利を三本空け、海老二本入りの天南蛮を食べていた。別のテーブルでは若い男性ふたりがビールを飲んでいて、さらに別のテーブルでは三〇歳から四〇歳ぐらいのおしゃれな格好をした女性四人が熱燗と冷酒、両方の酒を飲んでいる。私と相席の男性は、私が座ったときにもう店を出るところだったが、空になった蕎麦の丼の横にはビールの空き瓶があった。私もみなの仲間に入りたかったが、このあと仕事があるのを思い出して踏みとどまった。けれど徳利の酒は、おかみさんのおすすめどおり、山椒を少し振ったこのにしん蕎麦にきっとよく合うにちがいない。

その一、二週間後の金曜日、私はランチタイムに浅草にいた。折しも雪が少しちらつきはじめていた。ちょうど近くに並木藪蕎麦があり、行列もなかったので入ることにした。このときも、テーブル席に相席になった。今回は四〇代ぐらいの男性と女性のふたり連れだ。ふたりは酒を飲んでいたし、店内の客のほとんどが飲んでいた。私は最初気づかなかったが、相席のふたりが熱燗のお代わりを注文したときに、「おちょこをもうひとつ」と言って、さっとそれに酒を注ぐと私に手渡してくれた。外が寒かったこともあり、私は喜んでいただいた。こうなったら当然、次は私が彼らに酒をご馳走する。こうして私は、めったにないことだが、昼間から酒を飲んだ。週末の昼食時にビールを飲むことはときどきあるが、平日の昼に酒はほんとうに珍しい。

夜の蕎麦屋で味わう外食文化

一年ほど毎日昼食に蕎麦を食べつづけていた私は、ふと、夜に蕎麦屋へ行ったことがないのに気づいた。夜ならば、蕎麦以外のメニューもいろいろ食べられるだろう。しかし、「男の人が行くところで、女の人向きじゃない」と妻は言う。

妻の茶道の先輩にヨシザワさんという人がいた。ヨシザワさんは私より年上で、引っ越し会社を経営していた。そして彼は私にとって、最初の日本人の友だちだった。茶道や歌舞伎について教えてくれる唯一の男性の先輩であり、帯の結び方や、女性とはちがう男性としての正しい振る舞い方も教えてくれた。一か月に一度、午後遅くに会ってはお茶を飲みながら、私は彼に英語を教え、彼は私に日本語のダジャレを教えてくれた。そしてそのあと決まって夕食を食べにいった。

あるとき水天宮近くのロイヤルパークホテルで英語のレッスンをしたあと、ヨシザワさんは私に「何を食べにいきたい?」と訊いた。彼が鶏肉を好きではないのは知っていたから、近くにある美味しい鶏肉料理屋は頭のなかですべて除外した。蕎麦屋での夕食に興味があったのを思い出し、ホテルから歩いて一、二分のところにある、天保年間から続く創業一八〇年近い蕎麦屋「金《きん》碇庵《じょうあん》」はどうかと応じた。ところで、どうして日本には天保時代に創業された蕎麦屋がこんなに多いのだろうか。

店に入るとまずビールで乾杯し、つまみの注文をした。最初はおすすめメニューから入って、次に日本酒を頼み、さらに焼酎に移った。二時間ほど飲んだり食べたりしてから、最後に蕎麦を頼んだ。なんだかデザートみたいな感覚だった。私はついに日本の外食文化を知る入口に立ったのだと思い、わくわくした。アメリカではレストランで席に着くと、前菜からメイン、そしてデザートまでをいっぺんに注文し、料理は一皿ずつ運ばれてくることになっている。アメリカでは、日本風の居酒屋でもほとんどの客がいっぺんに料理を頼む。ただし運ばれてくるのは、どちらかというと日本式で、一度に一品か二品ずつだ。

日本の人たちは時間をかけて、料理や酒だけでなく連れとの会話も楽しむ。そして店のほうも客が二時間、三時間とか長居をしてもかまわない。外人旅行者に日本式の注文の仕方を教えるとき、この感覚を伝えるのがなかなか難しい。とくにアメリカ人はほとんどの場合、日本人のような食事の楽しみ方自体を理解するのが簡単ではないようだ。

「かんだやぶそば」の火事と新店舗

二〇一三年二月のある夜、妻の携帯電話が鳴った。電話のむこうにいるのは妻の親友トモコで、悪いニュース、少なくとも私にとっては最悪のニュースを知らせるためにかけてきてくれた。「かんだやぶそば」が火事だというのだ。翌日、様子を見にいってみた。事態はそんなに深刻ではなく、主な被害は屋根に大きな穴が開いていることだけのように見えた。これは煙を外に出すために開けたのだろう。けれど私の推測は間違っていた。二週間後にまた見にいったところ、店はほぼ完全に解体されていたのだ。

かんだやぶそばへ行くのは愉しかった。建物は古く、たしか関東大震災後の一九二〇年代に建てられ、一九四五年の東京大空襲をなんとか免れたという。しかし昔ながらの木造和風建築なので、近代的な防火設備はあまりなかったのかもしれない。

かんだやぶそばの蕎麦は値段が少し高めだが美味しいから、私は好んで通っていた。ここのつゆは一五〇年前から注ぎ足して使われているかえしでつくられていて、江戸前の濃いつゆで有名だ。そして、おかみさんの「せいろ〜〜、いちま〜〜い」と注文を伝える、独特の歌うような鼻にかかった声は、ユニークで面白いといつも思っていた。近くにある神田まつやとともに、神田界隈に行くときは昼食をここでとろうと決めている店だ。火事は私が最後に昼食に行ってから一週間も経たないうちに起こったので、焼け落ちてしまった店の記憶もまだ新しく、鮮やかだった。

およそ一年後、かつての店と同じ大きさの二階建ての建物が建てられた。

新店舗での営業が再開された、新蕎麦の季節を迎えたある日のこと。

「新しいかんだやぶそばにはもう行きましたか？」

英語でそう訊いてきたのは、近所のスーパーマーケット「マルエツプチ」の店員だ。夕方のシフトの店員さんたちとはだいたい顔見知りになっていて、彼女もそのひとりだった。私が蕎麦に興味を持っているのを知っていたし、たぶん英語を使いたかったのだろう。だから、かんだやぶそばはかっこうの話題だったのかもしれない。

数日後、私は自転車で秋葉原に行く途中で神田に寄り、かんだやぶそばの新店舗の前に立った。外から見るかぎり、前の建物とそっくりだ。大きさも同じぐらいだし、明治末期から大正時代風の外観という見た目も似ている。大きなちがいは、以前は庭を通って店の入口まで歩いたのだが、この庭がなくなったことだ。それに、かつては入口と出口の扉が別々だったのが、正面の扉ひとつになり、客は行きも帰りもここを通るようになった。私はこの日もう昼食を済ませていたのだが、それで正解だった。行列が店の外にまで延び、店の敷地に沿って角を曲がって続いていた。おそらく一時間待ちぐらいだ。土曜日だったし、店の再開のニュースを知って、蕎麦好きが集まってきたのだろう。

その翌週、今度こそ新生かんだやぶそばで食べてみるべきだと決心した。しかしいまの店ではどんなかえしを使っているのかが少し心配だった。元のかえしの一部を使ってつくり直すことはできたのだろうか？　それとも火のなかからそっくり持ち出すことができたのか？　同じ藪系の「上野やぶそば」あたりから分けてもらってつくっているのか？　それをたしかめる方法はひとつしかなかった。

私は一時半ぐらいになるのを待ってから、自転車で出発した。この時間になればそんなに待たないですむだろうと考えたからだ。店に着くと、列に並んでいるのは二〇人ぐらいだったので安心した。そして一〇分後にふたり用のテーブル席に通された。隣のテーブルにはふたり連れの女性が座った。ここに来たいちばんの目的はつゆの味をたしかめることだったので、せいろ蕎麦を注文した。

「当店のせいろは量が少ないですが、よろしいですか？」

そう店員に訊かれたので、これまで通り二枚にした。店内のつくりは以前とほぼ同じで、テーブル席の横には畳席もある。客のほとんどは私同様ひとりで来ていて、蕎麦を待ちながら酒やビールを飲んでいる人もいた。おかみさんはいまも、かつてとまったく同じように、どこか鼻にかかった声で厨房に向かって歌うように注文を伝えている。けれどいまはおかみさんだけでなく、店員全員が同じようにしていた。火災事故の前はこうではなかった気がする。

　隣のテーブルの女性たちは旬の牡蠣蕎麦を注文した。牡蠣といろいろな野菜がのった温かい蕎麦だ。実際に注文したのはふたりのうちのひとり、おそらく五〇歳ぐらいの日本人女性だ。もうひとりはもう少し若いヨーロッパ人の女性で、日本語は話せるが、日本料理についてはあまり知らないようだった。ふたりを観察するのは蕎麦を待つあいだのいい暇つぶしになった。

　幸いなことに、私のせいろ蕎麦はすぐにやってきた。お盆の上にせいろが二枚、小さな容器に入ったつゆ、それを注ぐための蕎麦ちょこ、それに葱と生ワサビがのった小皿が並んでいる。私は水をひと口飲んで、口のなかをきれいにした。いいワインをテイスティングするときと同じだ。それからつゆをひと口含む。香りは以前と同じだが、味がちがうようだ。私が覚えているより鰹節、ひょっとしたら宗田節の味が強くなっている。けれど間違えようのないあの「藪」独特の味わいが感じられた。蒸し暑い関東の夏を乗り切るために醸造された、江戸スタイルの醤油を使ってつくったかえしの味と香りだ。

　前回食べてから二年近く経っているから、つゆがどれだけ変わったのかは正確にはわからない。常連客でなかった私は判断できる立場にないが、新しいつゆはどこか前とちがう気がする。蕎麦自体はほぼ変わらない。長さも均一さも同じだし、蕎麦粉一〇〇パーセントの十割蕎麦ではないが、美味しいところも変わっていなかった。

熱々の蕎麦を食べるコツ

蕎麦を食べはじめたころは、たいてい温かい蕎麦を食べていた。子どものころからヌードルといえば温かいものしか食べたことがなかったからだ。アメリカでは、冷たい麺となるとパスタサラダしかなく、夏のあいだ、それもだいたいピクニックでしか食べない。それに麺は普通、スープに入っている。そう、アメリカ人の大好物、チキンヌードルスープだ。私はよく外人観光客を蕎麦屋のランチに連れていくのだが、彼らのほとんどは夏でも温かい蕎麦を頼む。日本人以外の欧米人にとっては、温かいほうが馴染みがあるのだと思う。蕎麦は日本独自の食べ物だが、温かい汁に入って出てくると、少し西洋風な印象を受けるのだ。

しかし、私は次第に冷たい蕎麦をよく食べるようになった。手打ちの蕎麦屋では、とくに冷たいもりやざるを選ぶようになった。さっと食べられるばかりでなく、麺だけでなくつゆの味をじゅうぶんに愉しむことができるのがいい。しかし安い蕎麦屋、とくに立ち食い蕎麦屋ではいまも温かい蕎麦を食べることが多い。熱々でも早く食べられる技を徐々に身につけたからだ。まずは麺を食べる。少しずつたぐり、数秒空中で止めて、ちょっと冷ましてからすすり込むのだ。そして麺のあとに、残ったスープに冷たい水を味が薄まらない程度に少しだけ入れ、飲めるぐらいの温度にする。もちろんこんなことをしていると、ほかの客から変な目で見られることもある。まわりの客に自分の行動を説明しなければならないときには、

「猫舌なんです」

そう言って、舌を突き出して見せればいい。だいたいみなちょっと笑ってくれる。

日本人に口内や喉、食道のがんが多いのは、熱々の食べ物を好むのも一因ではないかと思う。幸い、私はどう頑張っても熱い食べ物は食べられないから、舌や喉に関してはその心配はない。

唯一のまずい蕎麦屋

これまで何百軒もの蕎麦屋の暖簾《のれん》をくぐったが、明らかに美味しくなかった店は一軒しかない。その店は、自転車で秋葉原に行くときによく通る道沿いにあった。何度も前を通っていたが、あるときちょうどお腹が空いていたので入ってみた。店内に客は誰もいなかったが、ランチタイムのラッシュが終わったあとだろうと、それほど驚かなかった。普通の立ち食い蕎麦屋で、椅子もなく、店内の壁に沿って狭いカウンターがあるだけだった。見たところ、開店からだいぶ経っているようだ。おそらく、四〇年以上は経っているだろう。カウンターのむこうの壁に貼られたメ

ニューにはこういう店ではよくあるように、温かい蕎麦と冷たい蕎麦が最低限の種類あるだけだった。店の人はふたりで、夫婦らしい。店の様子から考えると、どうやらふたりがここのオーナーで、創業者のようだった。

このとき何を食べたのかよく覚えていないが、きつね蕎麦かなにか、どこで食べても当たりはずれなく美味しくて、まずくするのが難しいようなメニューを選んだはずだ。私が注文と支払いをすると、ふたりはのろのろと蕎麦を出す準備をはじめた。ほかには客がいないのだから、普通なら一、二分で出てくるはずだ。混雑時でもつねに三〇秒以内に出てくる店だってある。しかしこの店はちがった。一〇分近く待たされてから、ようやく蕎麦が出てきた。ふたりはとても疲れている様子で、私に何も言わなかったし、ふたりのあいだにも会話はなく、なんだか妙な感じだった。私は背後のカウンターに行き、食べはじめた。そしてすぐに、これがいままで食べたなかでもっともまずい蕎麦だと悟った。あまり美味しくないという程度の蕎麦ならいろいろ食べたが、この蕎麦は何年経っても忘れられないほどまずかった。

このとき完食したのかどうかも覚えていない。私は食べ物を無駄にするのが嫌いだから、たぶん残さず食べたはずだ。それにひと口かふた口しか食べないのは、このふたりにあまりに失礼なので嫌だった。残してもふたりは気づかなかったかもしれないが。

店を出てから思った。あのふたりは自分たちがつくっている蕎麦のことも、自分たちの仕事のこともまったく気にかけていないのだ。私はこのとき以来、蕎麦屋で働く人たちを見て、ほとんどの人が自分の仕事や蕎麦にプライドを持っていることを、さらに強く感じるようになった。ほかの料理の店でも同じだ。日本の飲食店で働く人たちはアメリカのレストラン業界の人たちよりも、自分の仕事のことを真剣に考え、はるかによく働いている場合が多い。

一か月ほど経ったころ、気づくとその店は閉店していた。そして数か月後、建物自体の取り壊し工事がはじまった。あの夫婦はあのとき、店を売って商売をやめるまでの時間稼ぎをしていただけなのかもしれない。真相は誰にもわからない。

新しい蕎麦屋を見つけては入り、店の様子を眺めていると、面白いことがときどき起こる。たとえば、家の近くのある小さな蕎麦屋にはじめて行ったときのこと。店に入ってみると、そこにある何もかもが大きかった。カウンターの上にある七味唐辛子入れは巨大で、アメフトのボールぐらいはあった（普通サイズの七味唐辛子入れもあったが）。水が入ったグラスも、普通の店のものとくらべてずっと大きい。そして料理も大量で、普通のせいろ蕎麦の二倍か三倍はあった。私はわけがわからなかった。店は混んでいたが、客はほぼ若いサラリーマンか大学生のようだった。そしてもちろん、この店はコストパフォーマンスも抜群によかった。

私はなんとかしてこのビッグサイズの昼食を平らげ支払いを済ませ、店の主人と少し話をして外に出た。ドアを閉めようと振り返ったとき、そこに書かれている店の名前に気づいた。「大盛り蕎麦」。すべてが腑に落ちた。

東京下町・私の好きな蕎麦屋

好きな蕎麦屋は、とよく訊かれるが、この質問には正直、蕎麦が好きすぎて答えるのが難しい。当初はいちばん直近に行った蕎麦屋の名を挙げていた。でも、これではサービス精神旺盛とは言いがたいし、適当に答えていると思われても仕方がなかった。

私はどんな料理に関しても、ただ一軒ここが断然好きだとか、そこまでいかなくても、たとえばトップスリーの店を決めるといった行為は賢いとは思わない。好きな店はある。近くにいたら入る店、何かの用事で近くに来たときランチタイムに合わせて訪れる店もある。月に三、四回行く店もあるし、ときには週に二、三回足を運ぶ店だってある。だから、もし誰かにどうしても好きな蕎麦屋のリストをつくるよう説得されたら、こんなリストにする。コメントもつけてみたが、鮨屋のリスト同様、並び方は順位ではない。

丹想庵《たんそうあん》 健次郎《けんじろう》（台東区浅草）

はじめて行ったのは、二〇一〇年だったが、一度目と二度目はランチタイムの蕎麦が売り切れていて食べられなかった。主人は若く、私より少し年下だ。とても気さくで、私のことをいつもデイブと名前で呼んでくれる。蕎麦は美味しいし、つゆは信州スタイルだ（主人は長野で醤油を仕入れてきている）。私がとくに好きな一〇〇〇円のランチセットには、蕎麦と野菜の天麩羅盛り合わせ（海老のかき揚げは五〇〇円追加だ）、そして漬け物がついてくる。この店はミシュランの「ビブグルマン」カテゴリーに選ばれたが、私は少しも驚かなかった。

そばよし（中央区日本橋本町）

そばよしについてはすでに触れているとおり、私が断トツに好きな店で、きつね蕎麦は、ほかのどこのものにも負けない。そしてここの蕎麦は、このリストのなかで唯一手打ちではない。私にとっては残念なことに、そばよしは長年人知れぬ名店だったのに、もはや無名ではなくなってしまった。だから行く時間を選ばなければならない。昭和通り沿いにあり、タクシーの運転手にも人気だ。

江戸蕎麦ほそ川（墨田区亀沢）

ホソカワさんの蕎麦が最高だと強く主張する人たちがいるのは知っているし、私もその気持ちには同意する。おそらくここの蕎麦が素晴らしいいちばんの理由は、ホソカワさんが日本中を回って見つけた最高の蕎麦粉を仕入れ、店の裏の大きな冷蔵庫にしまっているからだと思う。穴子の天麩羅はトップクラスだ。ミシュランの一ツ星レストランであるのもじゅうぶんにうなずける。

京金（江東区森下）

私がはじめてちゃんとした手打ち蕎麦を食べた店だ。それだけでなく、ここの蕎麦はとても美味しいし、下町と住宅地がほどよく共存している界隈の雰囲気もいい。二〇〇年以上もこの店が愛され、続いているのも驚くには当たらない。

神田まつや（千代田区神田須田町）

まつやが、すぐ近くにあるかんだやぶそばほど有名でないのは知っている。しかし私はまつやを推したい。まつやのほうが堅苦しくなくて気さくだし、活気があるからだ。それに蕎麦も美味しい。ここのにしん蕎麦は私の大好物のひとつだ。

九頭竜《くずりゅう》 蕎麦（新宿区神楽坂）

この店でよく食べるのは、温かい蕎麦ではきつね蕎麦、冷たい蕎麦では海老天ざるだ。外人観光客を連れて昼に行くことがときどきある。冷たい蕎麦を頼むと、生ワサビが出てきて自分ですりおろすという、まさに日本でしかできない体験ができるからだ。

手打ち蕎麦むとう（中央区日本橋室町）

日本橋の三越本店近くにある素晴らしい蕎麦屋だ。残念ながら、最近ランチタイムはコースメニューのみになってしまい、私にとっては昼過ぎに食べるには量が多すぎる。けれどいつかまた行こうと思っている。

誠や9号店（中央区日本橋人形町）

掘留公園に面した角の店。椅子も置いてあるので立ち食い蕎麦屋と言っていいのかわからないが、券売機で食券を買うシステムになっている。分類がどうであれ、手打ち十割の田舎蕎麦は美味しいし、五〇〇円で二〇〇グラムも食べられるのは、私が知っているかぎりもっともお得なランチだ。

手打ち蕎麦成冨《なるとみ》（中央区銀座）

穴子天麩羅蕎麦を食べたくて行く店（私はどれほど穴子天麩羅蕎麦が好きなのか）。ある日、目の前の蕎麦ちょこを眺めながら、どのくらい古いものなのかと訊いた。「二〇〇年ぐらい前のものです」というのが答えだった。単に古いからだけでなく、毎日店で使っているというのに、いまもとてもいい状態なことに感心した。

明月庵《めいげつあん》 ぎんざ田中屋 本店（中央区銀座）

この店をリストに入れたのは、いままで私が食べたなかで最高の胡麻だれがあるからだ。それに、私が蕎麦を食べにいくのに、下町から出る勇気がないと思われたくないからでもある。

尾張屋（中央区東日本橋）

小さな庶民的な蕎麦屋で、夜には蕎麦居酒屋になる。店をやっている夫婦は、北海道出身のとてもいい人たちだ。住所を調べようと「食べログ」を見てみたら、評価がそれほど高くなくて驚いた。けれど、そんなことはぜんぜん問題じゃない。

北海道・幌加内町《ほろかないちょう》 新そば祭りへ

二〇一三年の春、ケン先生からメールが来た。いまや私たちは友だちの間柄で、彼が東京に来たとき、私がポートランドに行ったときに、時間を見つけて訪ね合っている。それ以外のときはメール交換だ。ケンは、日本食のグローバル化に関する学会が、イスラエルの首都エルサレムにあるヘブライ大学で秋に開催される告知を受け取ったという。私が興味を持って参加するだろうと考え、知らせてくれたのだ。もちろん参加することにした。学会で発表する私の論文のテーマは蕎麦以外にない。最初はどういう切り口で書いたらいいかと迷ったが、やがてひらめいた。「蕎麦が次の鮨になる」、つまり国際的に人気を得る可能性をテーマにするのだ。私はさっそく学会で発表する論文のための調査をはじめた。

ある日、毎号目を通している雑誌「サライ」に、北海道の幌加内町で九月に国際蕎麦フェスティバルが行われるという記事を見つけた。

「幌加内町新そば祭り」というこの祭りは、一九八〇年に作付面積日本一の蕎麦生産地となった幌加内町が、「幌加内そば」の知名度を上げるために町の人たちが企画し、一九九四年に第一回が開催されたという。祭りの期間中は全国から蕎麦打ち名人が集まり、各地の有名なご当地蕎麦が食べられたり、ほかにもさまざまなイベントが催される。これが話題となって、いまでは人口一五〇〇人の小さな町に、五万人以上の来場者が集まる国内最大規模の蕎麦祭りになった。

二か月後に控えた国際的な学術会議で発表するためには、調査をするのに理想的な場所だと思った。北海道雨竜郡《うりゅうぐん》幌加内町は、旭川から電車で深川まで二〇分、そこからバスで一時間ちょっとのところにある。私はすぐに札幌行きのフライトを予約し、ホテルを探しはじめた。金曜の夜は札幌、土曜日の夜には旭川に泊まる。北海道にはずっと行きたいと思っていた。とくに、ふるさとポートランドの姉妹都市である札幌はぜひ訪れてみたかった。

そして、ついにその日がやってきた。札幌に到着した日は、ビール博物館に行くぐらいしか時間がなかったが、とても面白かった。昔家族でポートランドからシアトルに行く途中ときどき寄っていた、ワシントン州オリンピアのオリンピアビール醸造所を思い出した。

夕食はホテルのフロントでいくつかおすすめの店を聞き、そのうちの一軒に行ってみることにした。食べた料理は素晴らしかった。東京で見たことのない地元の魚、それに昆布焼酎。店主とも、隣に座った男性ともいろいろ話をした。とても得がたい時間だった。もっと長くいたかったが、翌日は朝早い電車に乗り、さらにはバスに乗り換えて幌加内に向かわねばならず、後ろ髪をひかれながら宿に戻った。

翌朝ホテルを早々にチェックアウトし、札幌駅まで行き、無事に北へ向かう深川行きの電車に乗ることができた。深川から幌加内まではバスなのだが、時間の計算をどこかで間違えたせいで、バスが来るまで二時間も待つことになった。おかげでひとつ学ぶことができた。北海道を旅するときは、レンタカーを借りるべきなのだ。

バスは曲がりくねった道をさらに北へ向かい、小さな村や広大な農地を通り抜ける。私は白い花をつけた蕎麦の畑が見られるのではないかと楽しみにしていたが、驚いたことに窓の外には青々とした稲の水田が一面に広がっていた。北海道でも米がつくられているのは知っていたが、これほど広い水田が、しかも北部にまであるとは。しばらくすると水田は蕎麦の畑に変わった。それからさらに森に変わり、ようやく日本の蕎麦生産量第一位の町、幌加内の中心部までたどり着いた。

予定より到着が遅れたが、蕎麦祭りのすべてを見るにはじゅうぶんなゆとりがあった。蕎麦打ちの機械が展示され、屋台では蕎麦を使った料理もたくさん供されていた。なかには大分産のソバ粉を使った鶏の唐揚げといったものもあった。さらに、世界中の蕎麦製品も並び、オレゴン出身のアメリカ人で三〇年も札幌に住んでいる知人が、オレゴンから輸入している蕎麦ビールもあった。

私はほとんどすべてのものを少しずつ試食して、フェスティバル会場を後にした。さらに歩きまわり、ミシュランの星を獲得した蕎麦屋をすぐ近所で見つけた。このとき食べたざる蕎麦は五〇〇円で、たぶんいままでに食べたミシュランの星を持つ店のなかでいちばん安かった。

アメリカの蕎麦事情

アメリカでは、日本から輸入されている乾麺の蕎麦が広く手に入る。アジア系の健康食品店で売られていることが多い。最近では、老舗の高級スーパーマーケットにも置かれるようになってきた。

一方、北米で栽培されているソバから精製される蕎麦粉は、日本への輸出用以外、蕎麦をつくるためにはほとんど使われていない。大半が動物の飼料として消費され、人間の食用としては、わずかにパンや蕎麦粉パンケーキの形で食べられている。アメリカやカナダの製法では乾燥しすぎていて、蕎麦を打つのには向かないからだ。

日本に輸出する契約のもとに精製されている蕎麦粉は、北米ではまず手に入らない。それでも北米産の蕎麦粉を使った手打ち蕎麦を出す店は、北米全体で約二、三軒あり、それ以外に一〇から一五軒ほどある生蕎麦を出す店は、日本産の蕎麦粉を使っている。日本から鮮度を保ったまま輸送してくるので、とても高くついてしまう。

蕎麦の研究をするうちに、私はロサンゼルスに住むある日本人女性と知り合った。彼女はアメリカでの蕎麦食を推進、普及させるために、蕎麦打ちのデモンストレーションをしていた。ソノコというその女性と私は一年ほど、メールを数回やりとりしていたが、あるとき彼女のメールに、自分が使っている蕎麦粉は日本産で、いつも東京周辺の配送業者から送られてくるとあった。彼女の材料は高価なだけでなくとても非効率的なルートでやってきていたのだ。

北海道から帰ってきた二週間後、私はポートランドに行くことにした。当初は妻といっしょに新しいワインも解禁される感謝祭の祝日がある一一月中旬に行きたいと思っていた。けれど私の父の健康状態があまりよくなかったし、一一月にはイスラエルでの学会もあったので、ポートランドには九月のうちに行くことにしたのだ。私が言いだしたのかソノコから頼まれたのか忘れたが、気がついたら一五キロもの穫れたての新蕎麦粉を私の手でポートランドまで運ぶことになっていた。彼女は、蕎麦粉があらかじめ私の自宅に届くように手配してくれた。

私がいつも使っている小さなスーツケースに蕎麦粉を入れて手荷物として飛行機に乗せ、座席の上の荷物入れにしまった。ソノコに届ける一五キロの蕎麦粉を収納するにはちょうどいいサイズだし、キャスター付きなので具合がよかった。ただ、アメリカに向かう飛行機のなかで、ポートランドの空港で税関を通れるだろうかと少し心配になってきた。アメリカの税関法は、食べ物の持ち込みに関してはとても厳しい。東京を発つ前に、禁止されるものと持ち込めるものについて調べてはきたが……。以前、煎餅《せんべい》を持っていると言ったら、詳しい検査をするために別室送りになったことがある。あきらかに検査官は、煎餅が米でできたクラッカーだと知らなかった。今回、大きなビニール二袋に詰められた白い粉を見て彼らはなんと言うだろうか。その粉の名前は蕎麦だと言っても、彼らが知っているかどうかは疑問だ。まあ、少なくとも日本からやってきたというのは安心材料だろう。日本はタイやコロンビアのような、違法ドラッグの主要な供給国ではない。

ポートランドに到着し、私の検査の番がきた。審査官に入国カードを手渡し、袋に入っているのは蕎麦の粉で、ロサンゼルスに住む女性に届けるものであり、彼女はヌードルをつくるのに使うのだと説明した。驚いたことに、審査官は蕎麦粉にはまったく興味を示さないかわりに、私が持っていた煎餅と日本酒のことは訊問した。

翌日、私は運送会社に蕎麦粉を持っていき、箱に入れてロサンゼルスへ発送した。ソノコはこの粉を何回かデモンストレーションで使い、自宅でも蕎麦を打ったはずだ。

あれ以来、新蕎麦の季節にアメリカに行ったことがないが、ちょうどいい時期に行くことがあれば、またソノコのために運んで、微力ながら北米での蕎麦の普及に貢献したいと思っている。

イスラエルでの学会発表と鮨キング

二〇一三年の一一月、中東では、アメリカとシリアのあいだに戦争が起こりそうな情勢だった。幸いなことに、両国の緊張はそれ以上高まらず、私が飛行機を予約するころには、大丈夫そうだった。それでも、パレスチナ一帯が占領されている時期にイスラエルへ旅行をしてもいいのかという倫理的な問題に悩まされた。けれど最終的に、学術的な目的のある旅だし、この大きなチャンスを逃すわけにはいかないと決心した。

なんとか締め切り前に論文を書き上げて学会事務局へ送り、参加者全員に配信してもらうことができた。私の論文は、鮨がそうだったように、蕎麦には世界的な人気を獲得する可能性があると主張するものだ。その根拠はいろいろある。まずソバは、ほぼ全世界で栽培されている。それに蕎麦はとてもヘルシーな食べ物だ。さらには多くの人が食べようとしない「なまもの」である鮨や刺身とちがって、加熱調理された料理であり、多くの文化で馴染みがある麺類の一種でもある。近年の日本食人気の波に乗れるのではないか、ということだ。

不運なことに、仁川《インチョン》からテルアビブまでの一四時間のフライトのあいだ、私はひどい風邪をひいている若いイスラエル人の男性の隣の席に座っていた。彼はつねにくしゃみをし、鼻をかんでいたから、すぐに私もそうなるとわかっていた。果たしてそのとおりになり、発表の日がいちばんひどかった。それでもかなりうまくやれたと思う。発表後、大勢の研究者が私に蕎麦について質問してくれたのだから。

日本食のグローバル化に関する学会の第一日目は、会場のあちこちで研究者の自己紹介が行われ、興味深い発表が繰り広げられた。もっとも注目を集めた発表者は、通称「イスラエルの鮨キング」だった。テルアビブに住むこの男性は、ヘブライ大学に来たのは彼の父親がベルリンの壁の崩壊のあと、レナード・バーンスタイン指揮によるベートーヴェンの第九でソリストとして歌ったとき以来だという。彼が中東初の鮨レストランをテルアビブに開店した一九九〇年には、鮨の食べ方を知っている客はほとんどいなかった。箸を使える人もいなかったし、みな鮨とは何かよくわかっておらず、ほかのイスラエル料理のようにパンをいっしょに頼んだ客がずいぶんいたそうだ。店に来た客のほとんどは、鮨レストランにいるところを人に見られるのが第一の目的だったようだ、と鮨キングは語る。鮨は「かっこいい」「流行りの」ものだと思われていて、肝心の味や知識は二の次だったのだ。

鮨キングはイスラエルの鮨の面白いエピソードを次々と披露しながら、テルアビブのヒルトンホテル内に鮨レストランを出さないかと言われた話をした。数か月にわたってシェフとラビ（ユダヤ教説教者）のあいだで準備や相談が行われ、レストランはグランドオープンの日を迎えた。ラビたちは当然、ユダヤ教の戒律に則《のっと》った食べ物しか食べないはずだ。豚肉や貝など一部の食べ物は「不浄」だと禁じられていて、さらにいえば、すべての食べ物はラビの監督のもとに調理されなくてはならない。オープニングの夜、レストランはセレブリティたちと、イスラエルのトップクラスのラビたちで満席。そしてユダヤ教ではそもそも鮨は戒律に反する食べ物だったはずなのに、ほとんどみながはじめて食べるようには見えなかったという。

鮨キングはその後、イスラエルで数軒の鮨レストランを経営するようになり、現地に日本人はあまりいなかったのでタイの人たちを雇った。イスラエル人たちは日本人とほかのアジア人を見分けられないので、店でタイ人などが働いていると、客は「ここの鮨は本格的だ」と感じるようだとキングは語る。彼の店のもっとも有名な顧客はヨルダン国王で、国王はだいたい週に一度はテイクアウトの鮨を注文し、従者のひとりが取りにきていたという。

学会の最終日、ヘブライ大学の人たちが学会参加者をエルサレム旧市街の食文化ツアーに連れていってくれた。それまで見ることも知ることもなかったものと出会えた、興味深くも貴重な体験だった。

最後の夜には、イスラエルの日本大使館が主催する夕食会があった。席はくじ引きで決められたのだが、幸運なことに私は鮨キングの隣だった。彼はもう鮨レストランの経営はやっていないそうだが、これからイスラエル初の居酒屋をオープンさせる計画があるという。

彼と私はワインや誰かが持ってきたうまい日本酒を飲みながらいろいろと話をした。そして「明日、テルアビブで会わないか」と誘ってくれた。深夜近くにテルアビブのベングリオン空港を出発する飛行機に乗ればよかったので、時間はじゅうぶんにあった。彼は自分の電話番号と待ち合わせ場所を教えてくれて、その夜は私は大学へ戻り、鮨キングはテルアビブの家に帰った。

翌朝、スーツケースに荷物を詰めると、タクシーでエルサレムの中央駅に行った。エルサレムからテルアビブまでは列車で九〇分ほどの旅だ。途中二駅ほど停車し、そのうちのひとつがその日の夜に降りるべき、ベングリオン空港駅だった。テルアビブの教えられた駅に着いて鮨キングに電話すると、数分のうちにみずから車で迎えにきてくれた。

いよいよテルアビブツアーがはじまった。

最初に行ったのは市場だった。前日にエルサレムの旧市街で見た市場とはちがい、新しくて現代的だった。世界中の大都市ならどこにでもあるような、パンからワイン、野菜から果物まですべてが売られている市場だ。私は結局ここでオリーブオイルを一瓶買った。魚市場は狭かったが、駐車場のすぐ隣に広がる地中海で獲れた、いろいろな種類の魚が並んでいた。見覚えのある魚もたくさんあった。サバやタイ、マグロのような日本人がよく食べる魚だ。マグロは築地で見たものほど大きくはなかったけれど。

私はふと気になって、イスラエルの鮨事情について訊いてみた。

「いまやイスラエルには何百軒という鮨レストランがあって、ユダヤ教の戒律に適法な店もたくさんあるよ」

彼はつけ加えた。

「イスラエルで鮨として通っているもののなかには、日本人が見たら奇妙だと思うものもあるかもしれない。ほら、アメリカで人気のカリフォルニアロールみたいなものさ」

さらに続けて、

「いまではハイブリッドバージョンの鮨がいくつかあって、中東の料理のほとんどに使われている胡麻ペースト、〝タヒニ〟をかけた握りなんてものもある」

「イスラエル流の鮨は、この国に住むあなたたちにとってはいいものなんでしょうね」

私はそう言った。

けれどイスラエルの鮨には興味がなかった。もっと伝統的な中東料理、この国の本物の料理のほうを食べてみたかったから。

蕎麦は「ポスト鮨」になれるか!?

今後海外でも蕎麦の人気が出て、日本だけでなく世界各地で食べられるようになってほしいと、蕎麦を愛する私は心から願っている。

そうなったときには、世界中それぞれの気候や風土に合った「変わり蕎麦」が生まれていることだろう。その国の文化や人々の好みに合うように、さらには現地で手に入る食材でつくれるように、日本で定着しているレシピがアレンジされるのだ。おそらく鮨のグローバル化と同じような経過をたどるのではないか。鮨の基本が「酢飯にネタをのせる」形であるように、蕎麦粉を原料とする麺を使うという基本は変わらずに。

日本の人たちにとっても、海外に旅したときに蕎麦や鮨を食べられるのは喜ばしいことではないだろうか。アメリカ人が、他国のマクドナルドでいつもの味を食べるとホッとできるのと同じように。

蕎麦をきっかけとして他の伝統的な日本食も普及するようになれば、各国の人たちにとっても、食事に大きなバラエティが生まれるはずだ。

すごく美味しそうでぜひ食べてみたいもの（フランスのトリュフ蕎麦とか？）から、ちょっと遠慮したくなるようなもの（北欧のルーテフィスク〔干しタラの灰汁《あく》煮〕蕎麦とか？）まで、どんな新奇にアレンジされた蕎麦が生まれたとしても、それは進歩であり興味深いことだ。ことに私にとっては、この食をめぐる冒険を続ける意義がさらに増えるのだから。

蕎麦に関する私のこれからの目標は、一年間に、そして一生のうちにいかに多くの蕎麦屋に行くかというチャレンジだけでなく、そのほかに現実的なものがふたつある。

ひとつは「ソバリエ」になること。ソバリエとは、蕎麦が好きで、蕎麦に関する広汎で詳細な知識を伝える人のことで、ワインの専門家ソムリエの蕎麦版のようなものだ。私にとってソバリエになるうえでの最大の難関は、蕎麦を食べた経験を日本語で書くことだ。けれど、かならずやりとげられると信じている。

もうひとつは、蕎麦を鮨のように世界的に普及させることだ。そのためには、蕎麦の本を英語で書いて刊行しなくてはいけない。蕎麦とそれをめぐる文化を正しく伝え、日本にやってきた旅行者に鮨以外の料理にも目を向けてもらえるように書くつもりだ。二〇二〇年の東京オリンピックも近づいてきたいま、のんびりしてはいられない。

丹想庵
健次郎

本書に登場した店舗(一部除く)

※各ジャンル内50音順。データは2017年10月現在のものです

料亭

玄冶店 濱田家

中央区日本橋人形町3-13-5　TEL 03-3661-5940

営業時間　11:30〜15:00(水・木・土曜のみ)、17:30〜22:00

定休日　日曜・祝日

http://www.hamadaya.info/

つきじ治作

中央区明石町14-19　TEL 03-3541-2391

営業時間　17:00〜22:00、土曜11:00〜22:00、日曜・祝日11:00〜18:00

不定休

http://www.jisaku.co.jp/

すき焼き

すき焼割烹 日山

中央区日本橋人形町2-5-1　TEL 03-3666-2901

営業時間　11:30〜15:00(L.O.14:00)、17:30〜21:30(L.O.20:00)

定休日　日曜・祝日(正月・お盆休みあり)

http://www.hiyama-gr.com/

人形町今半 人形町本店

中央区日本橋人形町2-9-12　TEL 03-3666-7006

営業時間　11:00〜15:00　17:00〜22:00　土・日・祝日11:00〜22:00

年中無休(元日のみ休業)

https://www.imahan.com/

鮨

太田鮨

中央区日本橋人形町1-5-2　TEL 03-3666-6415

営業時間　11:00〜14:00、18:00〜22:00

定休日　土曜、日曜・祝日

関山 人形町店

中央区日本橋人形町2-21-1　TEL 03-3661-3848

営業時間　10:00〜18:00

年中無休(元日のみ休業)

㐂寿司
中央区日本橋人形町2-7-13　TEL 03-3666-1682
営業時間　11:45〜14:30、17:00〜21:30
定休日　日曜・祝日

笹巻けぬきすし総本店
千代田区神田小川町2-12宇田川ビル1F　TEL 03-3291-2570
営業時間　9:00〜18:30、土曜9:00〜17:00
定休日　日曜・祝日

すし天ぷら あき
中央区日本橋人形町2-1-9日本橋TビルB1F　TEL 03-3662-5555
営業時間　11:30〜13:30、17:00〜22:00
定休日　日曜・祝日

寿司芳
中央区日本橋人形町2-18-3　TEL 03-3668-6981
営業時間　18:00〜24:00
定休日　月曜

たぬき鮨
中央区日本橋小舟町9-12　TEL 03-3661-1939
営業時間　11:30〜14:00、17:00〜22:00、土曜11:30〜14:00、17:00〜21:00
定休日　日曜・祝日、第2・4・5土曜

築地寿司清 築地本店
中央区築地4-13-9　TEL 03-3541-7720
営業時間　8:30〜14:00、17:00〜20:00、土曜8:00〜20:00、日曜・祝日9:30〜20:00
定休日　水曜
http://www.tsukijisushisay.co.jp/

常寿司
台東区浅草1-15-7　TEL 03-3844-9955
営業時間　11:30〜21:00
定休日　月曜
http://www.asakusa.gr.jp/shop/tsunezushi

日本橋蛎殻町 すぎた
中央区日本橋蛎殻町1-33-6ビューハイツ日本橋B1F　TEL 03-3669-3855
営業時間　17:30〜、20:30〜、土曜・祝日17:00〜、20:00〜、日曜11:00〜、13:30〜、18:00〜
定休日　月曜
＊完全予約制

人形町志乃多寿司總本店
中央区日本橋人形町2-10-10　TEL 03-5614-9300
営業時間　9:00〜19:00
定休日　年中無休
http://www.shinodazushi.co.jp

弁天山美家古寿司
台東区浅草2-1-16　TEL 03-3844-0034
営業時間　11:30〜14:30、17:00〜21:00、日曜11:30〜18:30
定休日　月曜・第3日曜
http://www.bentenyama-miyakosushi.com/ja/

都寿司
中央区日本橋蛎殻町1-6-5　TEL 03-3666-3851
営業時間　11:00〜14:00、16:30〜22:00、土曜11:00〜14:00、17:00〜21:00
定休日　日曜・祝日、第2土曜

吉野鮨本店
中央区日本橋3-8-11政吉ビル1F　TEL 03-3274-3001
営業時間　11:00〜14:00、16:30〜21:30、土曜11:00〜14:00
定休日　日曜・祝日
http://yoshinozushi.net/

天麩羅

三定
台東区浅草1-2-2　TEL 03-3841-3200
営業時間　11:30〜22:00(L.O.21:30)
年中無休(年2回不定休)
http://www.tempura-sansada.co.jp/

大黒家
台東区浅草1-38-10　TEL 03-3844-1111
営業時間　11:00〜20:30　土曜・祝日11:00〜21:00
年中無休
http://www.tempura.co.jp/

中清
台東区浅草1-39-13　TEL 03-3841-4015
営業時間　11:30〜14:00、17:00〜22:00、土・日曜・祝日11:30〜20:00
定休日　火曜、第2・4水曜
http://www.nakasei.biz/index.html

蕎麦

碇そば 金碇庵
中央区日本橋蛎殻町1-39-11　TEL 03-3666-4524
営業時間　17:00〜23:00
定休日　土、日曜・祝日

江戸蕎麦 ほそ川
墨田区亀沢1-6-5　TEL 03-3626-1125
営業時間　11:45〜14:30、17:30〜20:00
定休日　月曜、第3火曜
http://www.edosoba-hosokawa.jp/

尾張屋
中央区東日本橋1-5-10　TEL 080-3029-4607
営業時間　11:00〜21:30
定休日　土、日曜・祝日

神田まつや
千代田区神田須田町1-13　TEL 03-3251-1556
営業時間　11:00〜20:00、土曜・祝日11:00〜19:00
定休日　日曜
http://www.kanda-matsuya.jp/

かんだやぶそば
千代田区神田淡路町2-10　TEL 03-3251-0287
営業時間　11:30〜20:00
定休日　水曜（祝日の場合は変更あり）
http://www.yabusoba.net/

京金
江東区森下2-18-2　TEL 03-3632-8995
営業時間　17:30〜20:30、土・日曜・祝日11:30〜14:30、17:30〜20:00
定休日　月、火曜（祝日は営業）

九頭龍蕎麦
新宿区神楽坂3-3　TEL 03-6228-1886
営業時間　11:30〜14:30、17:30〜23:00、
土曜12:00〜23:00、日曜・祝日12:00〜21:00
不定休
http://kuzuryu-soba.com/

そばよし
中央区日本橋本町1-1-7本町山崎ビル1F　TEL 03-3241-0884
営業時間　7:30〜20:00
定休日　土曜、日曜・祝日
https://twitter.com/sobayoshi0716

立喰そば きうち
中央区日本橋人形町1-18-8　TEL 03-6231-1747
営業時間　7:00〜17:00、土曜11:00〜17:00
定休日　日曜・祝日

丹想庵 健次郎
台東区浅草3-35-3　TEL 03-5824-3355
営業時間　12:00〜14:00、17:00〜22:30、土曜17:00〜22:30
定休日　日曜・祝日
http://tansouan.com/

手打ち蕎麦 成冨
中央区銀座8-18-6二葉ビル1F　TEL 03-5565-0055
営業時間　11:30〜14:30、18:00〜20:30、土曜11:30〜15:00
定休日　日曜・祝日、第3土曜
http://narutomi-soba.net/

手打ち蕎麦 むとう
中央区日本橋室町1-13-1梅むらビル1F　TEL 03-3231-7188
営業時間　11:30〜14:30、18:00〜21:30
定休日　土曜、日曜・祝日
http://nihonbashi-muto.com/

並木藪蕎麦
台東区雷門2-11-9　TEL 03-3841-1340
営業時間　11:00〜19:30
定休日　木曜、第2水曜

誠や9号店
日本橋人形町3-1-9小嶋ビル1F　TEL 03-5649-9995
営業時間　11:00〜15:00、17:00〜22:00
定休日　土曜、日曜・祝日
http://sobalers-j.com/66267/

明月庵ぎんざ田中屋 本店
中央区銀座6-6-19　TEL 03-3571-8228
営業時間　11:30〜21:15、土曜・日曜・祝日11:30〜20:50
年中無休（年始のみ休業）
http://www.soba-tanakaya.com/

どじょう

桔梗家
墨田区両国1-13-15　TEL 03-3631-1091
営業時間　11:00〜14:00、16:30〜21:00、
大相撲東京場所開催中（1・5・9月）の日曜・祝日17:00〜21:00
定休日　日曜・祝日
http://www.dozeu-kikyouya.com

駒形どぜう
台東区駒形1-7-12　TEL 03-3842-4001
営業時間　11時〜21時
年中無休（大晦日と元日は休業）
http://www.dozeu.com/

鶏肉・焼き鳥

江戸政 焼き鳥
中央区東日本橋2-21-5　TEL 03-3851-2948
営業時間　17:00〜20:00、土曜17:00〜18:30
定休日　日曜・祝日

大金鳥店 鶏肉
中央区日本橋浜町2-5-6　TEL 03-3667-2441
営業時間　8:00〜19:00、土曜8:00〜18:30
定休日　日曜・祝日
https://ja-jp.facebook.com/TORI.DAIKIN/

鳥忠 鶏肉・焼き鳥・玉子焼
中央区日本橋人形町2-10-12　TEL 03-3666-0025
営業時間　9:00〜19:00
定休日　日曜・祝日
http://www.toritada.co.jp/

鳥近 鶏肉・焼き鳥・玉子焼
中央区日本橋人形町1-18-6　TEL 03-3666-3600
営業時間　8:00〜18:30
定休日　日曜・祝日

居酒屋

キハ
中央区日本橋堀留町1-6-11　TEL 03-5651-5088
営業時間　18:00〜23:30
定休日　日曜・祝日（土曜不定休）
http://www.kiha-sake.com/

酒喰洲
中央区日本橋久松町2-10　TEL 03-3249-7386
営業時間16:30〜23:00（L.O.22:30）
定休日　日曜・祝日

和菓子・甘味処

亀屋大和
千代田区東神田1-14-10古島ビル1F　TEL 03-3866-3804
営業時間　9:00〜18:00
店休日　日曜・祝日（節句は営業）
http://kameyayamato.co.jp/

京菓子司 彦九郎
中央区日本橋人形町2-11-3　TEL 03-3660-5533
営業時間　10:00〜20:00
不定休

玉英堂
日本橋人形町2-3-2　TEL 03-3666-2625
営業時間　9:00〜21:00、日曜・祝日9:30〜17:00
定休日　最終日曜

人形焼本舗 板倉屋
中央区日本橋人形町2-4-2　TEL 03-3667-4818
営業時間　9:00〜売切れ次第終了
店休日　日曜・祝日
http://www.itakuraya.com

縫月堂 和菓子・甘味処
中央区日本橋人形町2-7-10　TEL 03-3666-6739
営業時間　9:00〜20:30
定休日　日曜・祝日（節句・彼岸は営業）

初音 甘味処
中央区日本橋人形町1-15-6五番街ビル1F　TEL 03-3666-3082
営業時間　11:00〜20:00、日曜・祝日11:00〜18:00
年中無休

柳屋 鯛焼き
中央区日本橋人形町2-11-3　TEL 03-3666-9901
営業時間　12:30〜18:00
定休日　日曜・祝日

その他

うぶけや（包丁・鋏・毛抜き）
中央区日本橋人形町3-9-2　TEL 03-3661-4851
営業時間　9:00〜18:00、土曜9:00〜17:00
定休日　日曜・祝日
https://www.ubukeya.com/

江戸趣味小玩具 助六（小玩具）
台東区浅草2-3-1　TEL 03-3844-0577
営業時間　10:00〜18:00
年中無休

橘倉酒造株式会社（日本酒）
長野県佐久市臼田653-2（蔵元直売店「酒楽」）　TEL 0267-82-0170
営業時間　9:00〜17:00、土・日曜・祝日9:00〜17:00
年中無休（年始は除く）
http://www.kitsukura.co.jp/index.html#wrapper
＊蔵見学可（要予約）

銀座三河屋（江戸伝統調味料）
中央区銀座8-8-18　TEL 03-3571-0136
営業時間　11:00〜20:00
定休日　日曜・祝日
http://www.ginza-mikawaya.jp/

高柳豆腐店(豆腐)
中央区日本橋人形町1-8-10　TEL 03-3666-2608
営業時間　8:00〜19:00
定休日　土曜、日曜・祝日

ドイツパンの店 タンネ 浜町本店(パン)
中央区日本橋浜町2-1-5　TEL 03-3667-0426
営業時間　8:00〜19:00、土曜8:45〜18:00
定休日　日曜・祝日
https://sites.google.com/site/doitsupantanne/home

日本橋木屋 本店(包丁・料理道具)
中央区日本橋室町2-2-1コレド室町1F　TEL 03-3241-0110
営業時間　10:00〜20:00
年中無休(元日のみ休業)
http://www.kiya-hamono.co.jp/

人形町今半 人形町惣菜本店(惣菜)
中央区日本橋人形町2-10-3　TEL 03-3666-1240
営業時間　10:00〜19:00
年中無休(元日のみ休業)

万久味噌店(味噌)
台東区花川戸2-8-2　TEL 03-3841-7116
営業時間　9:00〜18:00
定休日　日曜・祝日

わしや(食料品)
中央区日本橋人形町2-2-3　TEL 03-3666-5778
営業時間　9:00〜20:00
年中無休

謝　辞

私に食の知識と助言を与えてくれた妻に、そして私の言葉を紡いでくれた編集の藤井さん、本というかたちに昇華してくれた亜紀書房の高尾さんに、心から感謝を捧げる。仁木さんの見事な翻訳が、そのすべてを可能にしてくれた。

私の家族へも感謝を忘れてはならない。母ジャン、妹アンとその息子モー、娘サラ、妻の家族の面々にも。ポートランド州立大学の恩師、なかでもケネス・ルオフとローレンス・コミンズの温かい指導に敬意と友情を。最後にもちろん日本で、ポートランドで、私の人生を通じ訪れた店の数々とそこで食事を共にした友人たち、たくさんの人たちを忘れるはずがない。感謝をこめて、乾杯！

Acknowledgements

Thanks to my wife, for all she has taught me about food and the assistance she has given me. And thanks to my editors, Fujii san and Takao san, who made my words and stories even better. Thanks also to my translator, Niki san.

I must also say thanks to my family, my mother Jan, my sister Ann, and her children, Michael "Mo" and Sarah, as well as my wife's family. I also owe a lot to my graduate school professors at Portland State University, especially Kenneth Ruoff and Lawrence Kominz. And of course, I can't forget all of the restaurants I have been to in Japan and in Portland and all the friends and the many other people I have shared meals with throughout my life. Cheers!

訳者あとがき

本書は、デヴィッド・コンクリン氏の初の書き下ろしエッセイ『FOOD ADVENTURES IN JAPAN: Living and Eating in Tokyo's Shitamachi』を邦訳したものです。

アメリカ人であるコンクリンさんは、故郷オレゴン州ポートランドの大学院で日本とその食文化の歴史について研究し、ついには日本に住んでしまったほどの日本好きです。日本橋人形町に住み、日々自転車で下町を縦横無尽に走りまわりながら、鮨はもちろん、蕎麦、焼き鳥、立ち飲み居酒屋といったミシュラン星獲得の名店から庶民的な店まで、広範囲の日本食を愉しんでいます。そして、築地市場に魚を買いにいき、土鍋でごはんを炊き、糠《ぬか》漬けも漬ける……といまどきの日本人より日本人らしい丁寧な暮らしを営んでいるのです。

箸を巧みに使い、蕎麦をすすって驚かれたり、ふらりと入った蕎麦屋で出汁に使われている材料を当ててみたり、雪がちらほらする寒い日に蕎麦屋で相席した人からお酒を奢られたりと、日本の人たちとの触れ合いもユーモラスです。

コンクリンさんの観察眼を通すと、日本はちょっと不思議であたたかくて折り目正しい世界に見える気がします。浅草の老舗の旦那さん、築地市場の仲買人、鮨の名店のご主人まで、さまざまな人に愛されているのは、そのまじめさと穏やかな人柄ゆえなのかもしれません。

本書で紹介した、コンクリンさんが独特の感性と探求心で食べ歩き、発見したお店のラインナップには、知る人ぞ知る隠れ家的な名店なども含まれています。こちらもぜひお楽しみいただければと思います。

フリー編集者藤井恵子さんから「人形町に住むアメリカ人が書いた面白いエッセイがある」とうかがったのは二〇一五年のはじめのことでした。この本はコンクリンさんが書き下ろした原稿を私が訳し、藤井さん、亜紀書房の高尾豪さんが編集し構成するという形でつくられました。このチームに加えていただいたことをとても感謝しております。皆さま、どうもありがとうございました。

二〇一七年一〇月

仁木めぐみ

FOOD ADVENTURES IN JAPAN:
Living and Eating in Tokyo's Shitamachi

コンクリンさん、大江戸を食べつくす

2017年12月7日　第1版第1刷発行

著　者　デヴィッド・コンクリン
訳　者　仁木めぐみ

発行所　株式会社亜紀書房
〒101-0051
東京都千代田区神田神保町1-32
電話(03)5280-0261
http://www.akishobo.com
振替 00100-9-144037

装　画　渡部 修

装　丁　セキネシンイチ制作室

印　刷　株式会社トライ
http://www.try-sky.com

ISBN978-4-7505-1524-3

[著者]

デヴィッド・コンクリン　David Conklin

1959年米国オレゴン州ポートランドで生まれる。亥年。日本食文化史研究家。和食コンサルタント。江戸下町グルメツアー主宰。2007年に日本人女性と結婚し、現在、日本橋人形町に在住。オレゴン州立大学およびマサチューセッツ大学アムハースト校にて経済学士、北米で有数の日本文化研究機関であるポートランド州立大学大学院で日本史学の修士号を取得。研究テーマは「日本食文化史とグローバリゼーション」。13年にイスラエルで開催された「日本食のグローバリゼーション」に関する国際学会で、「蕎麦のグローバリゼーション」について研究発表し注目される。持ち前の食に関する繊細な感性と探求心から、東京下町でさまざまな日本の食文化を日々渉猟する。毎日食べるほどの「蕎麦好き」でもあり、現在、英文で蕎麦の本を執筆中。趣味は蕎麦打ち、築地市場での買い物と肴づくり、酒や焼酎の飲み歩き、相撲観戦、祭り。人形町町会青年部に所属し、隔年開催の神田祭では神輿を担ぐ。『江戸の縁起物』『江戸暦 江戸暮らし』木村吉隆(ともに亜紀書房)の日本語抄訳を担当。

[訳者]

仁木めぐみ　Megumi Niki

翻訳家。東京出身。訳書に、オスカー・ワイルド『ドリアン・グレイの肖像』(光文社)、ブロニー・ウェア『死ぬ瞬間の5つの後悔』(新潮社)、テリー・マーフィ『僕は人生を巻き戻す』(文藝春秋)、マーガレット・ヘファーナン『見て見ぬふりをする社会』(河出書房新社)、デボラ・ロドリゲス『カブール・ビューティー・スクール』(早川書房)、スー・クレボルド『息子が殺人犯になった』(亜紀書房)など多数。